사랑이 살아가는 이유였습니다

글 | 톨스토이   그림 | 박아영

하늘사다리

HANULSADARI PUBLISHING HOUSE

하늘사다리는 이 땅에 하나님 나라의 확장을 위해
존재하며 천국의 소망을 이어주는 가교의 역할을 하고자 합니다.
주님 오실 그날까지 하늘사다리는 주님을 외칠 것입니다.

사랑이 살아가는 이유였습니다

L. N. 톨스토이(1828~1910)
러시아 톨스토이 백작 집안의 넷째 아들
로 태어난 톨스토이는 1852년 <유년시
대>를 발표한 것으로 시작하여 <소년시
대>(1854), <청년시대>(1857)를 잇달아
발표하였습니다.
1861년 야스냐야 폴랴나 학교를 설립하고
62년 소피아 안드레예프나와 결혼하였습
니다.

그는 19세기 러시아 문학을 대표하는
문호가 되었으며 그의 대표작품으로는
<전쟁과 평화>, <안나 카레리나>,
<부활> 등이 있습니다.

누가 이 세상 재물을 가지고 형제의 궁핍함을
보고도 도와줄 마음을 막으면 하나님의 사랑이
어찌 그 속에 거할까보냐 자녀들아 우리가 말
과 혀로만 사랑하지 말고 오직 행함과 진실함
으로 하자
　* 요한1서 3장 17, 18절

하나님이 우리를 사랑하시는 사랑을 우리가 알
고 믿었노니 하나님은 사랑이시라 사랑 안에
거하는 자는 하나님 안에 거하고 하나님도 그
안에 거하시느니라
　* 요한1서 4장 16절

어느 때나 하나님을 본 사람이 없으되 만일 우
리가 서로 사랑하면 하나님이 우리 안에 거하시
고 그의 사랑이 우리 안에 온전히 이루느니라
　　　　　　　　* 요한 1서 4장 12절

이 글에 나오는 사람들

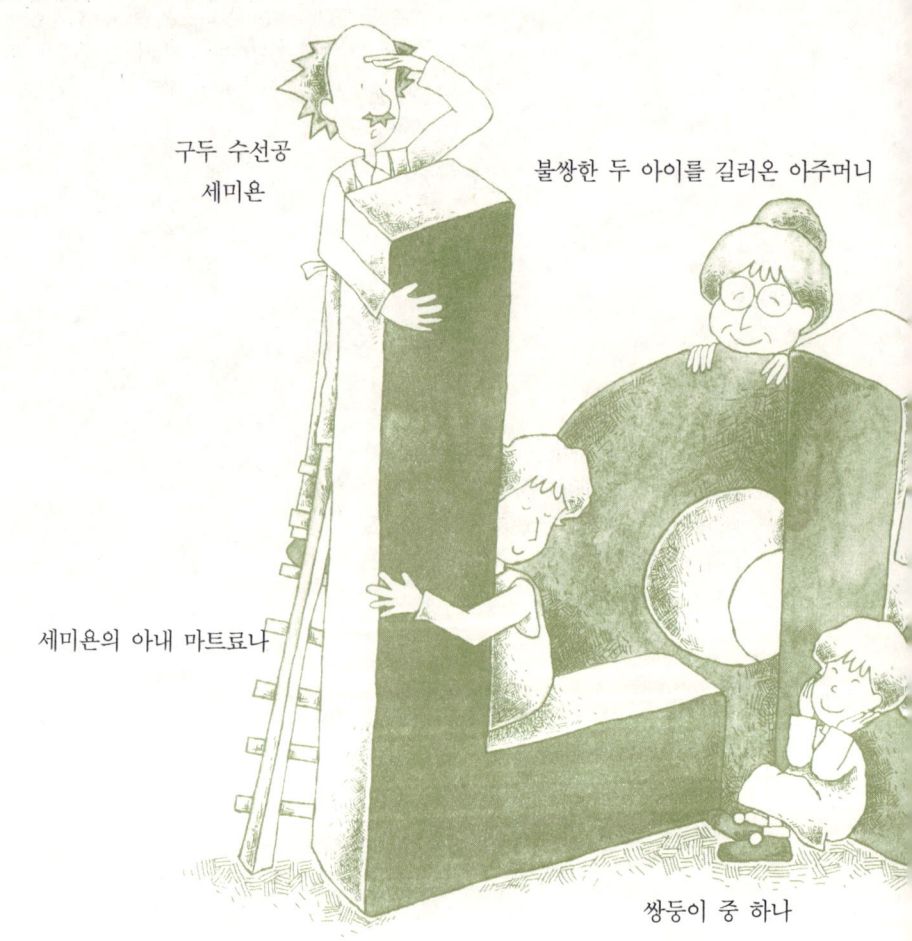

구두 수선공
세미욘

불쌍한 두 아이를 길러온 아주머니

세미욘의 아내 마트료나

쌍둥이 중 하나

천사 미하일

구두를 주문한 돈많은 부자

쌍둥이 중 또다른 하나

한 구두 수선공이 부인과 자녀들을 거느리고 어느 농부의 집에 세들어
살고 있었습니다.

이 구두 수선공은 자기의 집이나 땅이 없었으므로, 구두 수선으로
가족을 돌보고 있었습니다. 빵 값은 비싸고 노임은 쌌기 때문에 벌어 들인
돈은 모두 먹는 데 사용되고 말았습니다.
구두 수선공은 부인과 함께 사용하는 한 벌의
모피외투를 갖고 있었지만, 그것도 이미
낡아서 거의 입을 수가 없게 되었습니다.
그래서 그는 이미 2년 전부터 양가죽을
사들여 새 외투를 만들려고
마음을 먹고 있었습니다.

초가을로 접어들자 구두 수선공에게 약간의 돈이
모아졌습니다. 부인의 손지갑 속에는 3루블의
지폐가 소중히 보관되어 있고,
그 밖의 마을의 농부들에게
5루블 20코페이카를 빌려준 것이 있었습니다.
그래서 구두 수선공은 아침부터
마을로 가 외투를 만들 모피를
사려고 마음 먹었습니다.
그는 무명으로 만든 짧은 아내의
코트를 샤쓰 위에 입고,
그 위에 모직 외투를 걸치고,
3루블의 지폐를 주머니에 집어넣고는
아침 식사를 마치자마자
나뭇가지를 지팡이 삼아
출발하기로 했습니다.

'농부들로부터 5루블을 받으면 이 3루블을 더하여,
새 외투를 만들 양가죽을 사자'고 그는 생각한 것입니다.

구두 수선공은 마을에 도착하자 한 농부의 집에
찾아갔습니다.
그런데 공교롭게도 주인이 외출 중이었습니다.
다만 그의 부인이 금주 중에 돈을
마련해 주겠다고 약속했을 뿐이었습니다.
다른 농부에게 갔지만,
그 농부도 하늘에 맹세코 지금은 돈이 없다며,
장화 수선비로 겨우 20코페이카를 건네줄 뿐이었습니다.
그래서 구두 수선공은 양가죽을 외상으로 사려고 했지만,
모피 가게 주인은 외상으로 주려고 하지 않았습니다.

"**우**선 돈을 가져와요. 그리고 좋은 것을 고르세요. 외상값은 쉽게 받아 내기 어렵다는 것을 잘 알고 있으니까요."하고 그는 말했습니다.

이리하여 구두 수선공은 수선비 20코페이카를 받고, 어느 농부로부터 낡은 털장화를 수선하는 일 하나를 맡았을 뿐, 볼일은 하나도 해내지 못했습니다.

구두 수선공은 약간 기분이 언짢아,
그 20코페이카를 몽땅 털어 술을 마시고는
양 가죽은 포기하고 집으로 돌아가기로 하였습니다.
아침부터 구두 수선공은 날씨가 몹시 춥다고 생각했었지만,
온 몸에 술기운이 들자 외투가 없어도 따뜻했습니다.
구두 수선공은 한 쪽 손에 쥐어진 지팡이로 꽁꽁 얼어붙은 땅을
두드리고 다른 손으로 낡은 털장화를 흔들며 걸어가면서
혼잣말로 중얼거렸습니다.

"**나**는 외투 따위는 없어도 따뜻해. 겨우 한 잔 들이켰을 뿐인데,
온 몸이 후끈후끈한 걸 모피 외투고 뭐고 필요없어.
추운 것도 잊고 이렇게 걸어갈 수 있으니까.
외투는 없어도 살아갈 수 있지.
그 따위는 어디까지나 필요없어.
다만 견딜 수 없는 건 여편네가 바가지 긁는 일이야.

나는 죽을 힘을 다해 일해 주었는데, 그놈은 콧방귀만 뀌고 있으니
울화가 치민단 말이야. 두고 보라구, 만일 이번에도 돈을 갖고 오지 않으
면, 네놈이 쓰고 있는 모자를 억지로 벗겨 버릴테다.
암, 틀림없이 벗겨 줄테다. 도대체 이 따위 엉터리가 어디 있어?
20코페이카를 가지고 대체 무엇을 할 수 있단 말인가?
술 한 잔 들이키면 그 뿐인걸.

네 놈은 그렇게 곤란하고 나는 곤란하지 않단 말인가?
네게는 집도 있고 가축도 있고, 모든 게 갖추어져 있고, 먹을 빵이 있지만,
나는 빵을 사 와야 하고 가령 어디서 돈을 마련한다 해도, 빵을 사는 데만
일주일에 3루블은 써야 한단 말야.
이제 집으로 돌아가 빵이라도 떨어졌으면,
또 1루블 반은 써야 해. 이런 형편이니
자네도 내게 돈 갚을 생각을 하란 말이야."

이윽고 구두 수선공은 길모퉁이의 작은 교회가 있는 근처까지
왔습니다. 그리고 교회 뒤쪽에서 무언가 하얀 것을 발견했습니다.
주위는 이미 어두컴컴해지고 있었습니다. 구두 수선공은 가만히 지켜보았
지만, 그게 무엇인지 아무래도 알 수가 없었습니다.
'이 곳에는 분명히 저런 돌이 없었을 텐데. 그러면 가축일까?
하지만 짐승 같지도 않은데. 머리를 보니 아무래도 사람같은데.
사람이라기엔 너무 하얗단 말야. 그리고 사람이라면
무엇하러 이런 데 있겠나?'
그렇게 생각하고는 바싹 다가가 보니, 이번에는 잘 보였습니다.
그런데 정말 이상한 일이었습니다. 분명히 사람임에는 틀림 없는데, 살아
있는지 죽어있는지, 이 추운 날에 벌거벗고 교회 벽에 기대
앉아 꿈쩍도 하지 않고 있는 것이었습니다. 구두 수선공은 갑자기
두려운 생각이 들었습니다. '누가 이 사나이를 죽인 다음 입고 있던 옷을
몽땅 벗기고는 시체를 이곳에 버리고 간 것임에 틀림없어.
잘못 접근했다간 나중에 무슨 변을 당할 지 알 수 없지.'

그래서 구두 수선공은 모른 체 하고 그 옆을 지나가기로 했습니다. 교회 모퉁이를 돌아서자 그 사나이의 모습이 더 이상 보이지 않게 되었습니다. 교회 앞을 지나면서 잠깐 돌아다 보니 그 사나이가 교회 벽으로부터 몸을 일으켜 움직이고 있었습니다. 이쪽을 바라보며 동정을 살피는 것 같았습니다.

구두 수선공은 더욱 겁을 먹고 생각했습니다. '가볼까? 아니면 모른 체하고 이대로 지나쳐 버릴까? 그러나 접근하다 무슨 변을 당할 지 모르지. 아무튼 어디 사는 누구인지도 모르니까.

그리고 좋은 일을 하고
이런데 있을 턱이 없지.
괜히 가까이 다가갔다가
그놈이 갑자기 달려들어
목이라도 조르면 꼼짝 못할거야.

비록 목을 조르지 않는다 해도,
저런 사나이와는 관련되고 싶지 않아.
하지만 도대체 저 사나이를
어떻게 해야 한담? 아무튼
상대는 벌거벗고 있으니까 말야.
가진 것도 없으면서 자신이 입고 있는 것을
벗어줄 수는 없잖아. 제발 하나님,
어떻게든 무사히 이 곳을
지나가게 하여 주소서!'

그리고 구두 수선공은 걸음을 재촉했습니다. 하지만 교회 앞을
통과한 지 얼마 안되어 갑자기 양심의 가책을 받기 시작했습니다.
그래서 구두 수선공은 길 한복판에 멈춰서서 마음 속으로 중얼거렸습니다.
'대체 너는, 세미욘, 무슨 짓을 하고 있는 거지? 사람이 재난을 만나 죽어
가고 있는데, 너는 겁을 먹고 그대로 지나가 버리려 하고 있잖아. 너도 상
당한 부자가 된 거 아니야?
자신이 갖고 있는 걸 빼앗길까봐 두려워하고 있다니!
이봐, 세미욘, 그건 좋지 않은 짓이야!'
세미욘은 뒤로 돌아서서 그 사나이
쪽으로 걸어가기 시작했습니다.

세미욘이 그 사나이 옆으로 다가가 자세히 살펴보았더니
그는 몸이 튼튼해보이는 젊은 사나이로, 몸에는 구타당한
듯한 자국은 보이지 않았지만 추위 때문에 얼어 몹시
겁을 먹고 있는 듯 했습니다. 그는 벽에 기대 앉은 채
세미욘을 쳐다보려고도 하지 않았습니다.
아무래도 기운이 빠져 눈을 뜰 수도
없는 모양이었습니다. 하지만 세미욘이
옆으로 바짝 다가서자, 그 사나이는
이제야 알아챈 듯이 고개를 돌리며
눈을 뜨고 세미욘을 쳐다보았습니다.

그러자 그 눈을 보기만 해도 세미욘은 그 사나이가
완전히 마음에 들어버렸습니다.
그는 방한화를 땅바닥에 던져놓고
허리띠를 풀어 방한화 위에 내려 놓은 다음
급히 카프탄을 벗고는 말했습니다.
"자, 아무 말 하지 않아도 돼!
잠자코 이거라도 입어 보라구! 자, 빨리!"

세미욘이 그 사나이의 팔꿈치를 잡고 일으켜 세우려 했습니다.
사나이는 일어섰습니다. 세미욘의 눈에 비친 것은 홀쭉하고 깨끗한 몸과
상처 하나 입지 않은 손과 발, 그리고 온화해 보이는 사나이의 얼굴이었습
니다. 세미욘은 그 사나이의 어깨에 긴 웃옷을 걸쳐 주었지만 그 사나이는
소매에 팔을 잘 끼울 수 없었습니다. 그래서 세미욘은 소매에 팔을 끼워주
고 옷자락을 당겨 앞을 맞춘 다음에 띠를 매어 주었습니다.

　　세미욘은 너덜너덜한 모자를 벗어 벌거숭이 사나이에게 씌워주려 하다
가 갑자기 자신의 머리가 차가왔기 때문에 생각을 바꾸었습니다.
　　'내 머리는 이렇게 번들번들하게 벗겨져 있지만, 이 사나이의 머리
　　에는 긴 머리카락이 더부룩하게 자라고 있잖아.' 그는 다시 모자를
　　썼습니다.

'그보다는 신발을 신겨 주기로 하자.'

그래서 세미욘은 그 사나이를 바닥에 앉히고 펠트로 만들어진
방한화를 신겨주었습니다.

옷을 입히고 신을 신긴 뒤 구두 수선공은 말했습니다.

"이만하면 됐겠지. 자, 조금 걸으면서 몸이 따스해지도록 해요.
뭐, 새삼스레 우물쭈물할 건 없어. 그런데 걸을 수 있겠나?"

사나이는 온화한 눈으로 세미욘을 바라보고만 있을 뿐
한 마디도 하지 않았습니다.

"왜 잠자코 있나? 이런 데서 겨울을 날 수는 없잖아.
아무튼 사람이 살고 있는 데로 가야지. 자, 가자구.
내 지팡이를 잡아요. 기운이 없으면 이 지팡이에
의지해서 걸어가면 돼. 자, 기운을 내요!"

사나이는 걷기 시작했습니다.

가벼운 걸음걸이로 뒤떨어지는 일 없이 걸었습니다.

두사람은 이렇게 계속 걸어갔습니다.

세미욘이 말했습니다.

"그런데 자네는 어디에 살고 있지?"

"나는 이 고장 사람이 아닙니다."

"이 고장 사람이 아니라는 건 알고 있어.
내가 묻고 있는 건 왜 이런데 와 있느냐는 걸세.
저 교회 같은 데에 말이야."

"그건 말할 수 없습니다."

"틀림없이 누군가에게 큰 곤욕을 당했을 거야."

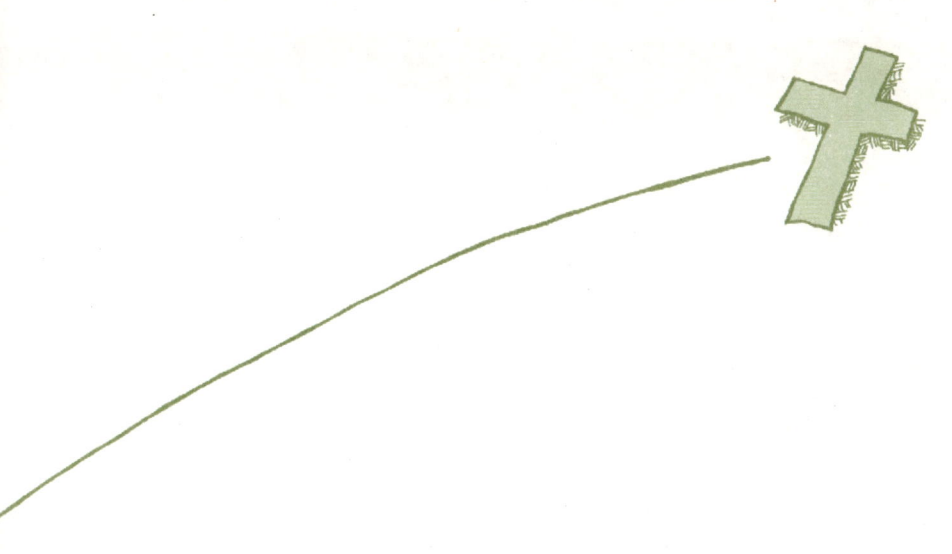

"아무에게도 큰 곤욕을 당하지 않았습니다.
나는 하나님으로부터 벌을 받은 겁니다."
"그런 거야 알고 있지. 모든 게 하나님의 뜻이니까.
그건 그렇고, 아무튼 어디에 몸을 의지해야 할텐데,
도내체 어디로 가는게 좋을까?"
"어디든 좋습니다."

세미온은 깜짝 놀랐습니다.
불량배로 보이지도 않고 말씨도 상냥한데,
자신에 관한 일은 아무 것도 말하려 들지 않는 것입니다.
그래서 세미온은 생각했습니다.
'세상에 별난 일들이 많으니까.'

그리고 그 사나이에게 말했습니다.
"그럼 우선 우리집으로 가보자구. 잠시 몸을 쉴 수는 있을 테니까."
세미욘이 걷기 시작하자, 낯선 사나이도 어깨를 나란히하여
뒤떨어지지 않게 따라갔습니다.

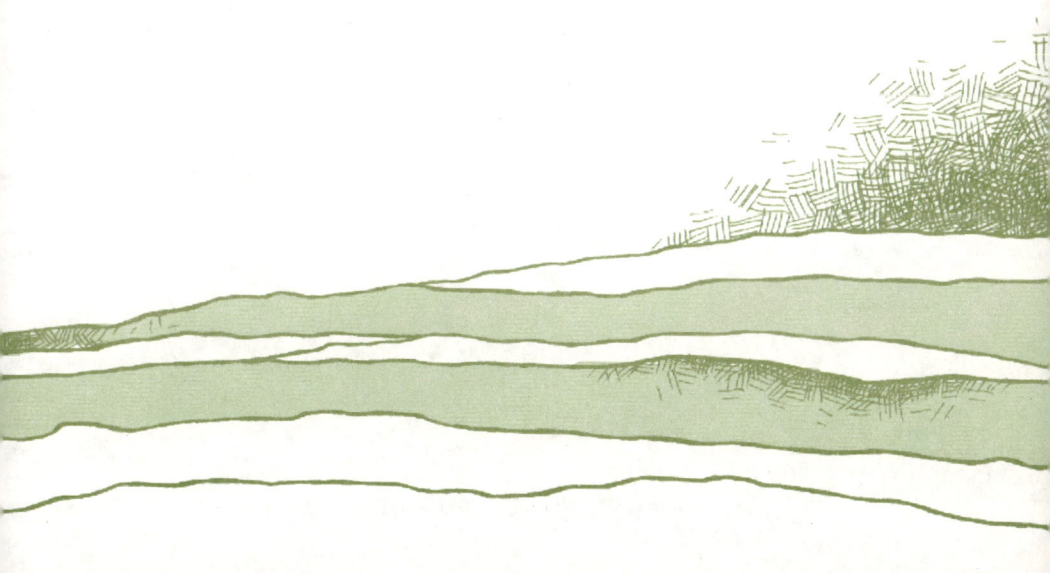

바람이 일어 샤쓰 속까지 파고드는 바람에
세미욘은 완전히 술이 깨어 갑자기 오싹오싹 추워졌습니다.
세미욘은 훌쩍이고 걸으면서 아내의 무명 코트 앞자락을 여미며
마음 속으로 이렇게 생각했습니다.
'원, 엉뚱한 외투가 되어버렸군. 외투를 사러 갔다가 카프탄까지 벗어버리
고, 게다가 벌거숭이 사나이까지 데리고 오다니.
마트료나가 투덜대겠지!' 마트료나를 생각하니 세미욘은 몹시 우울해졌습
니다. 그러나 낯선 사나이의 얼굴을 보고 또 그 사나이가 교회에서 자신을
바라보았을 때의 그 눈빛을 생각해내자 절로 가슴이 뛰었습니다.

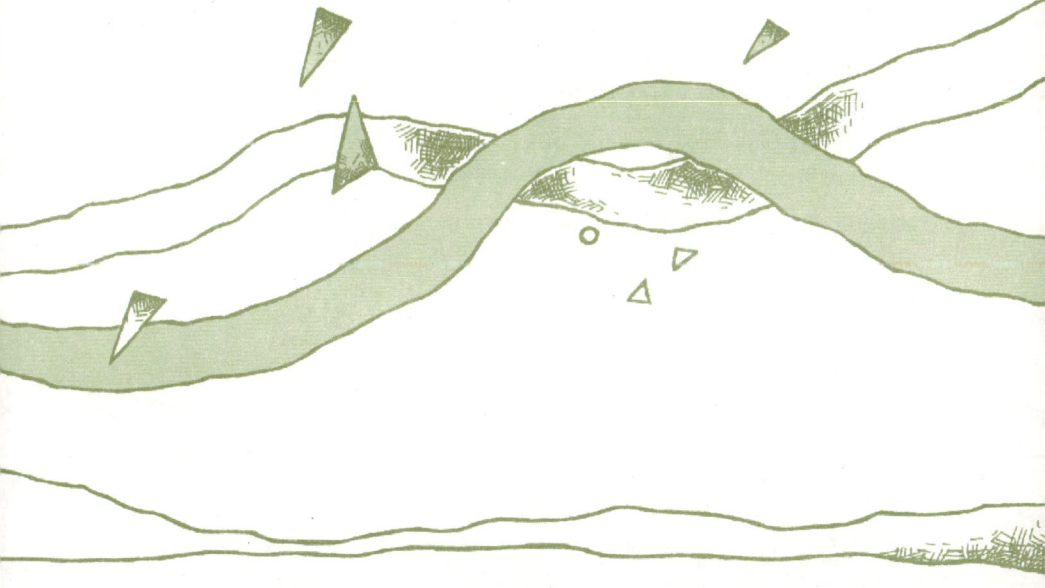

세미욘의 아내는 재빨리 일을 끝냈습니다. 장작을 패고, 물을 긷고, 아이들에게 식사를 시키고, 자신도 간단히 식사를 마치고는, 빵 만들 밀가루를 언제 반죽할까, 오늘 할까 내일로 미룰까 하고 연신 고개를 갸웃거리며 생각했습니다. 빵은 아직 커다란 조각이 남아 있었습니다.

'만일 세미욘이 밖에서 점심을 먹고 돌아와 저녁을 얼마 먹지 않는다면, 내일의 빵은 이것으로 족하겠지만···'

하고 그녀는 생각했습니다.

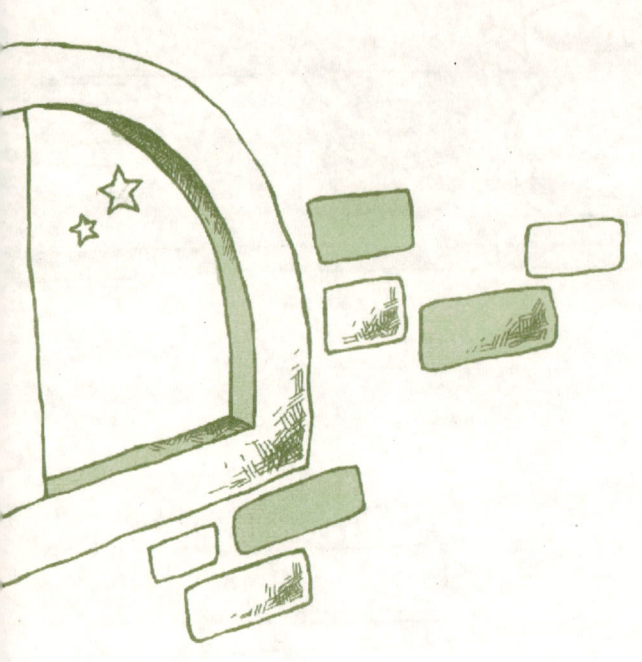

마트료나는 몇 번이고 빵조각을 뒤집어보고는 이렇게 생각했습니다.
'밀가루 반죽은 내일로 미루자. 더우기 밀가루가 1회분밖에 남아 있지 않
으니까. 그러면 이걸로 금요일까지 견딜 수 있겠지.'
그래서 마트료나는 빵을 치우고, 남편의 샤쓰를 기우려고 테이블 옆의 의
자에 걸터앉았습니다. 마트료나는 바느질을 하며 남편의 일을 생각하고,
또 외투를 만들 양가죽을 잘 사올 수 있을까 하며 이것저것 생각하고 있
었습니다.

'모피 가게 주인한테 속지 말아야 할텐데. 아무튼 우리
그이는 너무 호인이다. 실수로도 남을 속이지 않는 사람이지만,
어린 아이에게도 맥없이 속아 넘어가거든. 8루블이라면 적은
돈이 아니지. 그만한 돈을 내면 좋은 모피 외투를 마련할 수
있을 거야. 무두질한 가죽은 아니더라도. 어쨌든 모피
외투는 틀림없이 살 수 있겠지. 지난 겨울은
모피 외투가 없어서 정말 견디기 어려웠어!
냇물을 길러 가지 못했을 뿐 아니라,
그야말로 아무데도 나다닐 수가 없었으니까.
오늘만 해도 시내에 나가느라 옷들을
모조리 껴입고 나갔기 때문에,
나는 이처럼 하나도 입을 게 없잖아.
그런데 이이가 너무 늦는데.
벌써 돌아올 시간이 넘었는데.
어쩌면 이이가 또 술집에
들른 건 아닐까?'

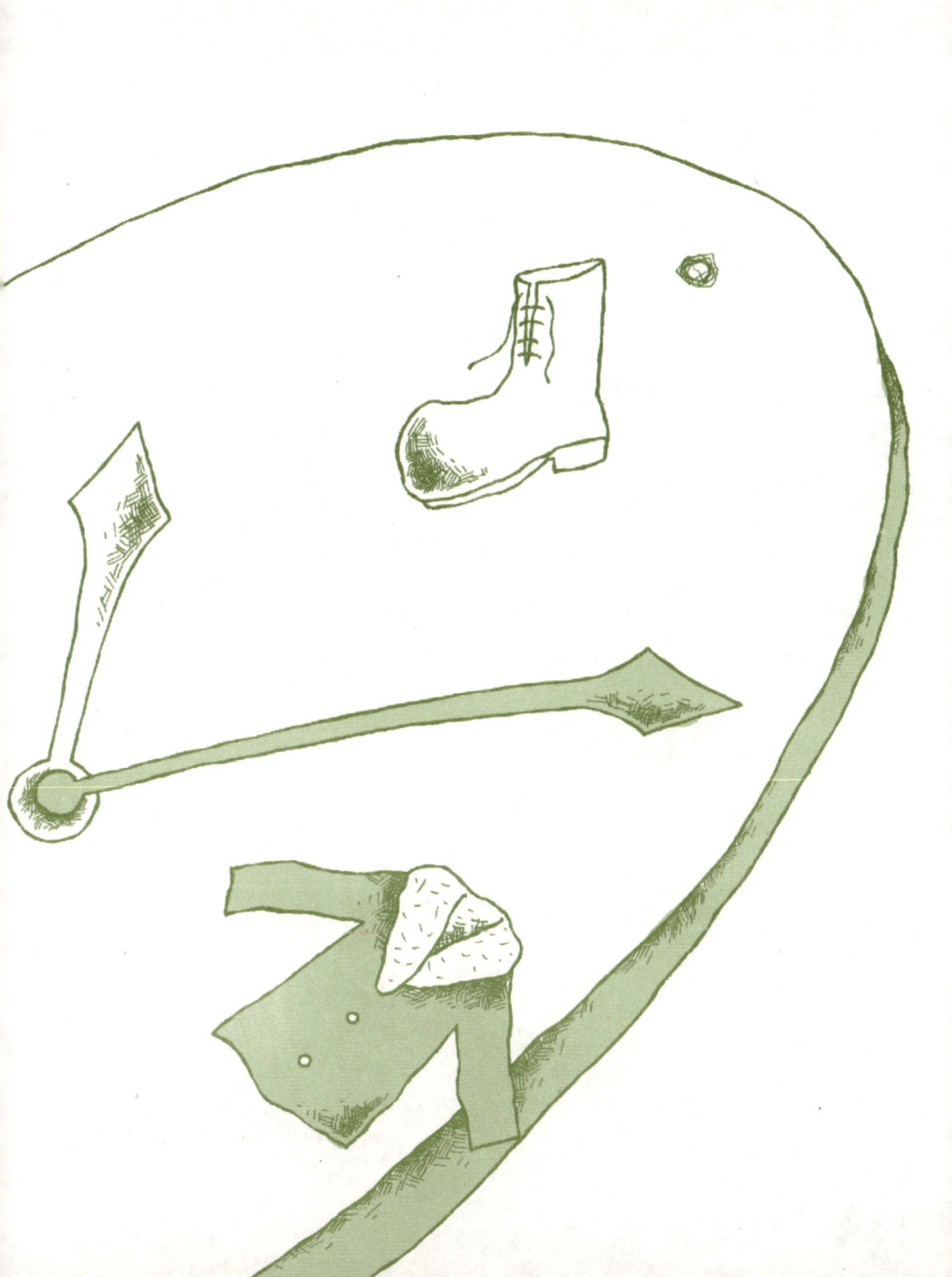

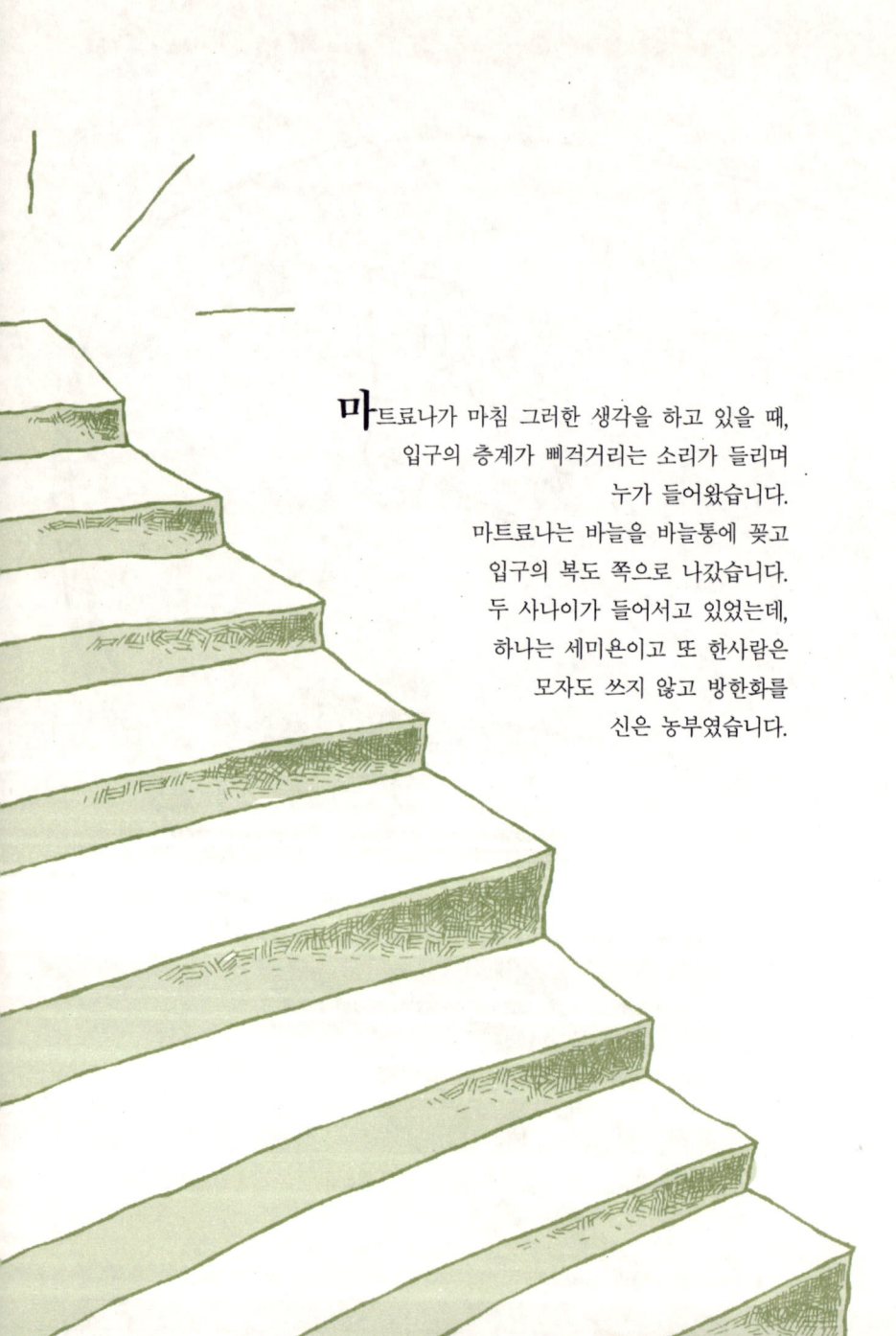

마트료나가 마침 그러한 생각을 하고 있을 때,
입구의 층계가 삐걱거리는 소리가 들리며
누가 들어왔습니다.
마트료나는 바늘을 바늘통에 꽂고
입구의 복도 쪽으로 나갔습니다.
두 사나이가 들어서고 있었는데,
하나는 세미욘이고 또 한사람은
모자도 쓰지 않고 방한화를
신은 농부였습니다.

마트료나는 곧 남편이 술 냄새를 풍기고 있는 것을 알아챘습니다.
'그럼 그렇지. 역시 생각한 대로로군.'하고 그녀는 생각했습니다. 그리고 그
리고 카프탄을 누구에게 주었는지 여자용 코트 하나만 걸치고 빈 손으로
들어온 남편이 입을 다물고 움츠리고 있는 걸 보니, 마트료나는 가슴이 찢
어질듯한 느낌이 들었습니다.

'돈을 몽땅 술로 마셔버린 거야. 이이는 어느 머저리 같은 놈과 한잔 들이키고, 뻔뻔스럽게도 그놈을 집에까지 끌고 왔을 것임에 틀림없어.' 그녀는 이렇게 생각했습니다.

마트료나는 어쨌든 두 사람을 방으로 들여보내고 자신도 들어갔습니다. 자세히 보니 그 낯선 사람은 젊고 야윈 사나이인데, 입고 있는 카프탄은 자신들의 것이 아닌가. 기다란 웃옷 속엔 샤쓰를 입고 있는 것 같지도 않고, 모자도 쓰고 있지 않았습니다. 남의 집에 들어왔는데도 서 있기만 하고 움직이거나 눈을 들려고도 하지 않았습니다. 마트료나는 생각했습니다.

'이는 결코 인간이 아냐. 부들부들 떨고 있는 걸 보면 알 수가 있어.'

마트료나는 이마를 찌푸리며 난로 쪽으로 물러나, 두 사람을 가만히 살펴보았습니다.

세미욘은 모자를 벗고, 마치 나쁜 짓 따위는 하지 않은 사람처럼
나무 의자에 걸터앉았습니다.

"이봐, 왜 그러지, 마트료나? 우물쭈물하지 말고 저녁 준비라도 해요."하고
그가 말했습니다.

마트료나는 입속으로 뭔가 투덜거리고 있었습니다. 그리고 난로 옆에서 움
직이려고도 하지 않으며, 두 사람의 얼굴을 번갈아 바라보면서 연신 고개
를 젓고 있었습니다. 세미욘은 아내가 일부러 어기대며 심술궂게 나오고
있음을 알았지만, 어쩔 도리가 없었습니다. 그래서 그러한 것은 모른 체하
고, 낯선 사나이의 손을 잡으며 말했습니다.

"자, 여기 걸터앉아요. 저녁식사나 하자구."

낯선 사나이는 의자에 앉았다.

"왜 그래, 아무 것도 만들어두지 않았나?"

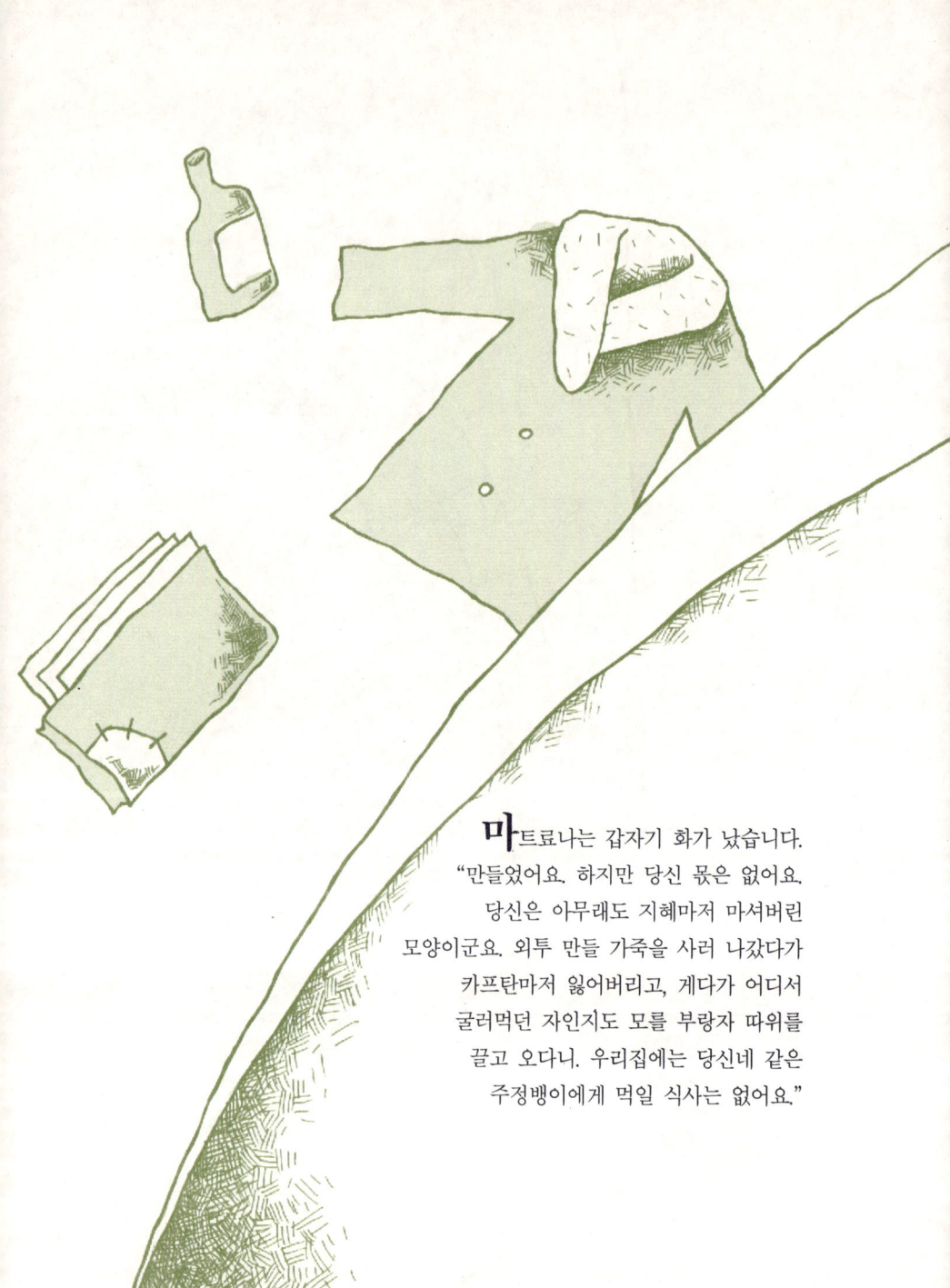

마트료나는 갑자기 화가 났습니다.
"만들었어요. 하지만 당신 몫은 없어요.
당신은 아무래도 지혜마저 마셔버린
모양이군요. 외투 만들 가죽을 사러 나갔다가
카프탄마저 잃어버리고, 게다가 어디서
굴러먹던 자인지도 모를 부랑자 따위를
끌고 오다니. 우리집에는 당신네 같은
주정뱅이에게 먹일 식사는 없어요."

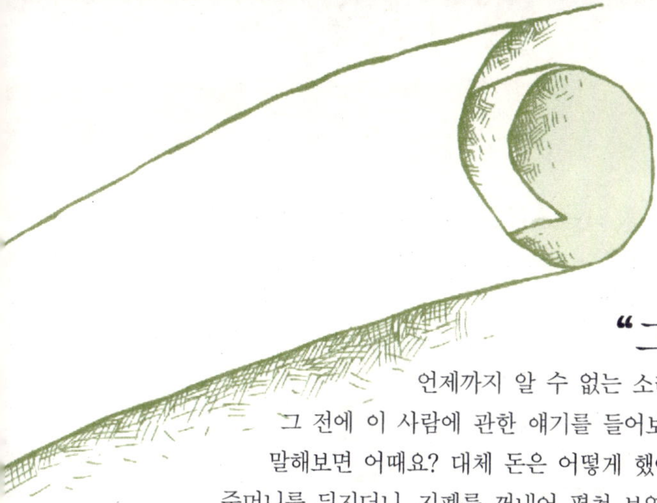

"그만 좀 떠들어, 마트료나.
언제까지 알 수 없는 소리를 지껄이고 있을 거야?
그 전에 이 사람에 관한 얘기를 들어보면 어때?" "당신이야말로
말해보면 어때요? 대체 돈은 어떻게 했어요?" 세미욘은 카프탄의
주머니를 뒤지더니, 지폐를 꺼내어 펼쳐 보였습니다. "돈은 여기 있어.
하지만 트리포노프는 주지 않더군. 내일 주겠다고 약속해 주었지만···."
마트료나는 더욱 화가 났습니다. 외투는 사오지 않고, 하나밖에 없는
카프탄은 어디서 굴러먹던 자인지도 모를 사나이에게 입혀주고, 더구나 그
사나이를 자기집에까지 끌고 온 것입니다.

테이블 위의 지폐를 움켜 쥔 마트료나는 그것을 넣어두러 가면서도
계속 중얼거렸습니다. "우리집에는 저녁식사가 없어요. 주정뱅이들을 일일
이 먹이고 있다간 한이 없으니까요."

"이봐, 마트료나, 말을 좀 삼가라구. 그보다 우선 말을 들어봐 ···."

"얼간이같은 주정뱅이의 말은 들어서 뭘해요?
난 당신같은 주정뱅이에게 시집 오는 게
내키지 않았는데 역시 예감이 맞았어.
어머니가 준 아마포
(亞麻布)도 당신이
술을 마셔 버렸고,
외투를 사러 간다더니
그것도 마시고 오지 않나."

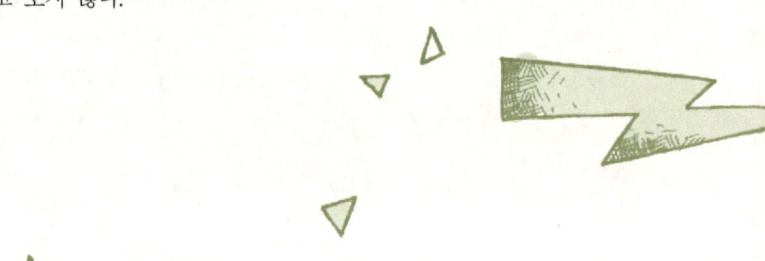

세미욘은 아내에게, 자신은 20코페이카어치 밖에는 마시지 않았음을 설명하고 또 어디서 이 사나이를 만났는지 얘기해 주려 했지만, 마트료나는 전혀 말할 틈을 주지 않았습니다. 대체 어디서 튀어나오는지, 한꺼번에 두 마디씩 튀어나오고
　게다가 10년 전의 일까지 모두 들추는 것이었습니다.

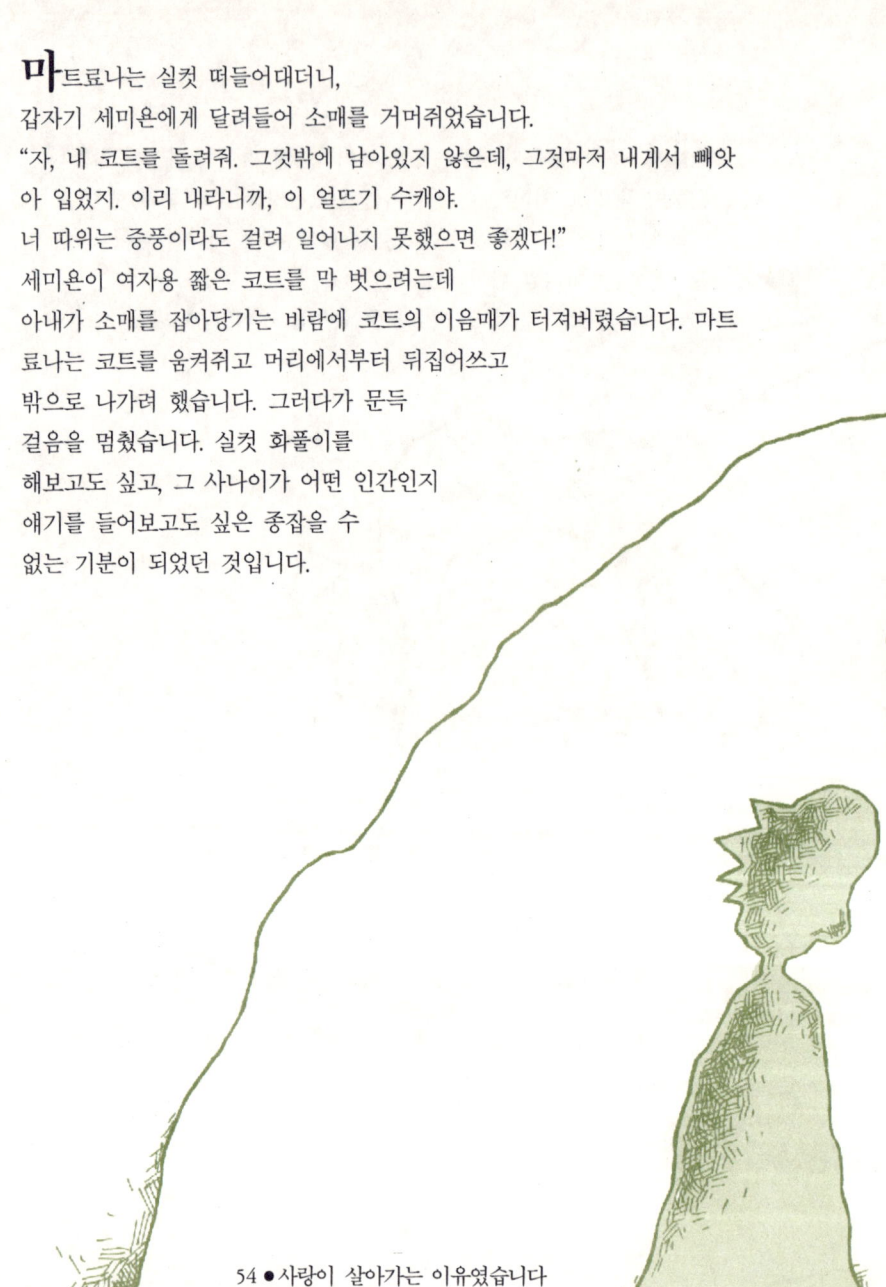

마트료나는 실컷 떠들어대더니,
갑자기 세미욘에게 달려들어 소매를 거머쥐었습니다.
"자, 내 코트를 돌려줘. 그것밖에 남아있지 않은데, 그것마저 내게서 빼앗
아 입었지. 이리 내라니까, 이 얼뜨기 수캐야.
너 따위는 중풍이라도 걸려 일어나지 못했으면 좋겠다!"
세미욘이 여자용 짧은 코트를 막 벗으려는데
아내가 소매를 잡아당기는 바람에 코트의 이음매가 터져버렸습니다. 마트
료나는 코트를 움켜쥐고 머리에서부터 뒤집어쓰고
밖으로 나가려 했습니다. 그러다가 문득
걸음을 멈췄습니다. 실컷 화풀이를
해보고도 싶고, 그 사나이가 어떤 인간인지
얘기를 들어보고도 싶은 종잡을 수
없는 기분이 되었던 것입니다.

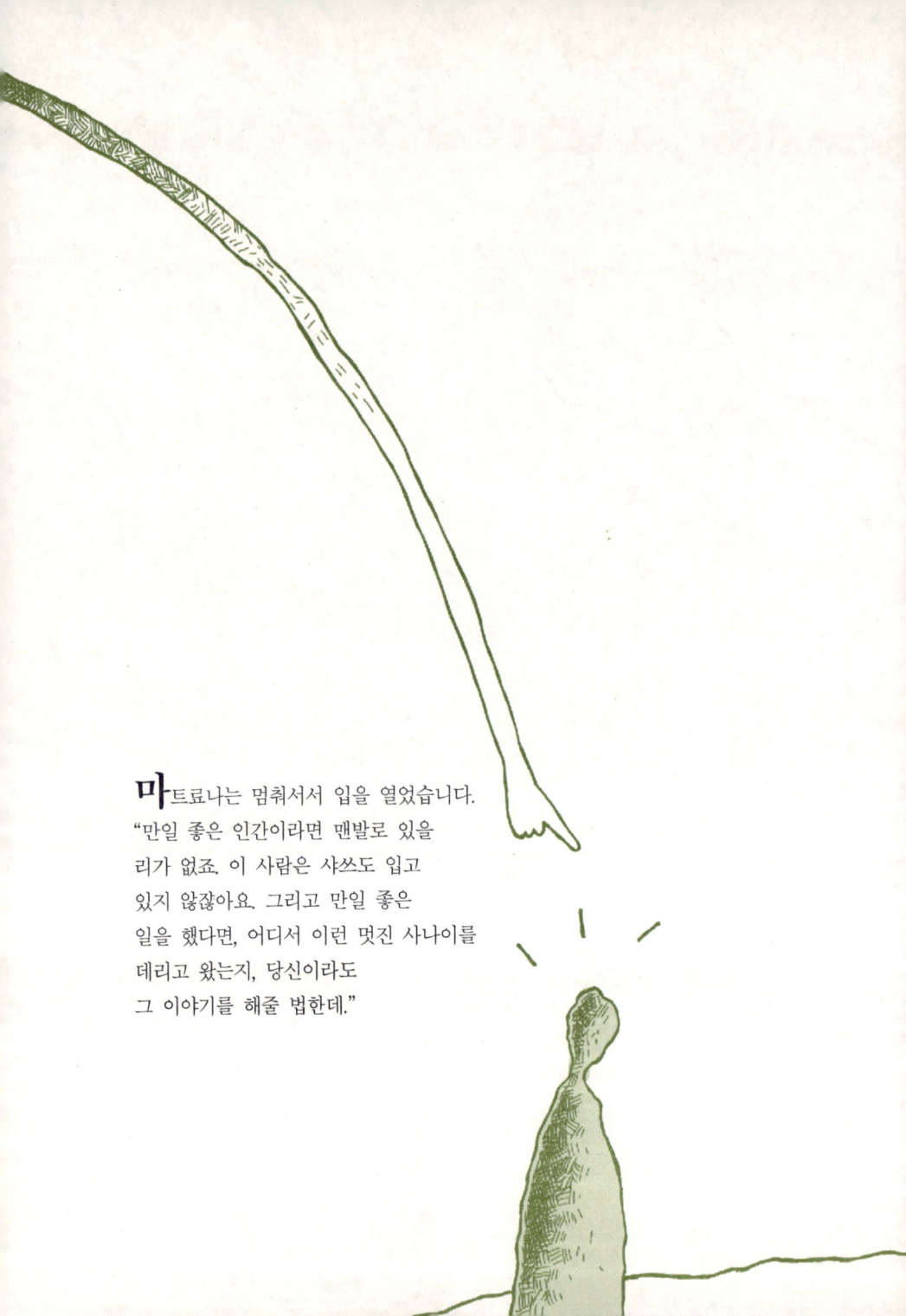

마트료나는 멈춰서서 입을 열었습니다.
"만일 좋은 인간이라면 맨발로 있을
리가 없죠. 이 사람은 샤쓰도 입고
있지 않잖아요. 그리고 만일 좋은
일을 했다면, 어디서 이런 멋진 사나이를
데리고 왔는지, 당신이라도
그 이야기를 해줄 법한데."

"**그**래 내가 아까부터 그 이야기를 하려고 하지
않았나. 내가 길을 걷고 있는데, 교회 옆에서 이 사람이 벌거
벗은 채로 바닥에 앉아 추위에 떨고 있었어. 여름도 아닌데 벌
거벗은 채로 말야. 하나님이 나를 이 사람이 있는 데
로 데려가 주시어 다행이었지. 그렇지 않았으면 얼어
죽어버렸음에 틀림없어. 그래 어쩌겠나?

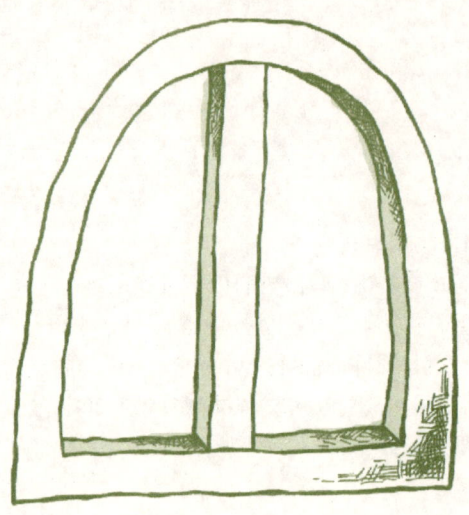

세상에는 뜻밖의 일들도 많이 있다고 나는 생각했지.

그래서 안아 일으켜 이것을 입혀 가지고 이리로 데리고 온 거야. 우선 기분을 진정시키라구. 죄를 짓게 돼, 마트료나. 우리는 모두 언젠가 죽어야 할 몸이지 않소."

마트료나는 실컷 소리를 질러 줄까 하고 생각했지만, 낯선 사나이쪽을 바라보고는 그대로 입을 다물어 버렸습니다. 낯선 사나이는 의자 끝에 앉은 채, 지금까지 전혀 움직이려고 하지 않았습니다.

두 손을 무릎 위에 포개고 머리를 나직이 가슴 위에 드리우고 눈을 감은 채 마치 숨이 막히는 것처럼 고통스레 이마를 찌푸리고 있었습니다.

그 모습을 본 마트료나는 입을 다물어 버렸습니다.

그래서 세미욘이 말을 계속했습니다.

"마트료나, 아니 당신의 가슴 속에는 하나님이 계시지 않은가?"

그말을 듣고 마트료나는 다시 낯선 사나이를 흘끗 바라보았습니다. 그러자
그 순간, 노여움이 사라져 버렸습니다. 그녀는 구석의 난로
옆으로 가서 저녁 식사 준비를
하기 시작했습니다.

그릇을 테이블 위에 올려놓고
그 속에 크바스(엿기름과 보리,
쌀보리 등으로 만든 러시아 맥주)를 따른 다음,
나머지 빵조각을 내놓았습니다.

그리고 나이프와 스푼을 가져왔습니다.

"자, 사양치 말고 드세요."하고
그녀는 말했습니다.

세미욘은 낯선 사나이의 몸을 살며시 밀며
말했습니다. "더 앞으로 나와요, 더 앞으로."

세미욘이 빵을 잘게 썬 다음,
두 사람은 식사를 하기 시작했습니다.

마트료나는 같은 테이블 끝쪽에 걸터앉아 손으로
턱을 괴고 낯선 사나이의 얼굴을 바라보고 있었습니다.

마트료나는 그 낯선 사나이가 어쩐지 가엾게 여겨지고, 동시에
그 사나이에게 호감이 감을 느꼈습니다. 그러자 갑자기 그 낯선 사나이는
쾌활해지면서 얼굴을 찌푸리기를 그만두고 눈을 들어 마트료나를 바라보
며 빙긋 웃었습니다.
두 사람의 식사는 끝났습니다. 마트료나는 테이블 위의 그릇들을 치우고는,
낯선 사나이에게 여러 가지를 묻기 시작했습니다.

"**당**신은 어디서 왔어요?"
"나는 이 고장 사람이 아닙니다."
"그런데 왜 그렇게 길바닥에 쓰러져 있었죠?"
"그건 말할 수 없습니다."
"당신이 입고 있는 옷을 대체 누가 벗겨 갔죠?"
"하나님이 벌을 내리신 겁니다."

"그럼 벌거벗은 채로 쓰러져 있었단 말이죠?"

"벌거벗은 채로 쓰러져, 얼어 죽을 뻔했죠. 그런데 세미욘이 발견하고 가엾게 여겨, 자신이 입고 있던 카프탄을 벗어 내게 입혀주고 여기까지 데리고 온 겁니다. 그리고 여기에 오니 이번에는 당신이 자비롭게도 먹을 것과 마실 것을 주셨습니다. 하나님은 틀림없이 두 분을 구원해 주실 겁니다."

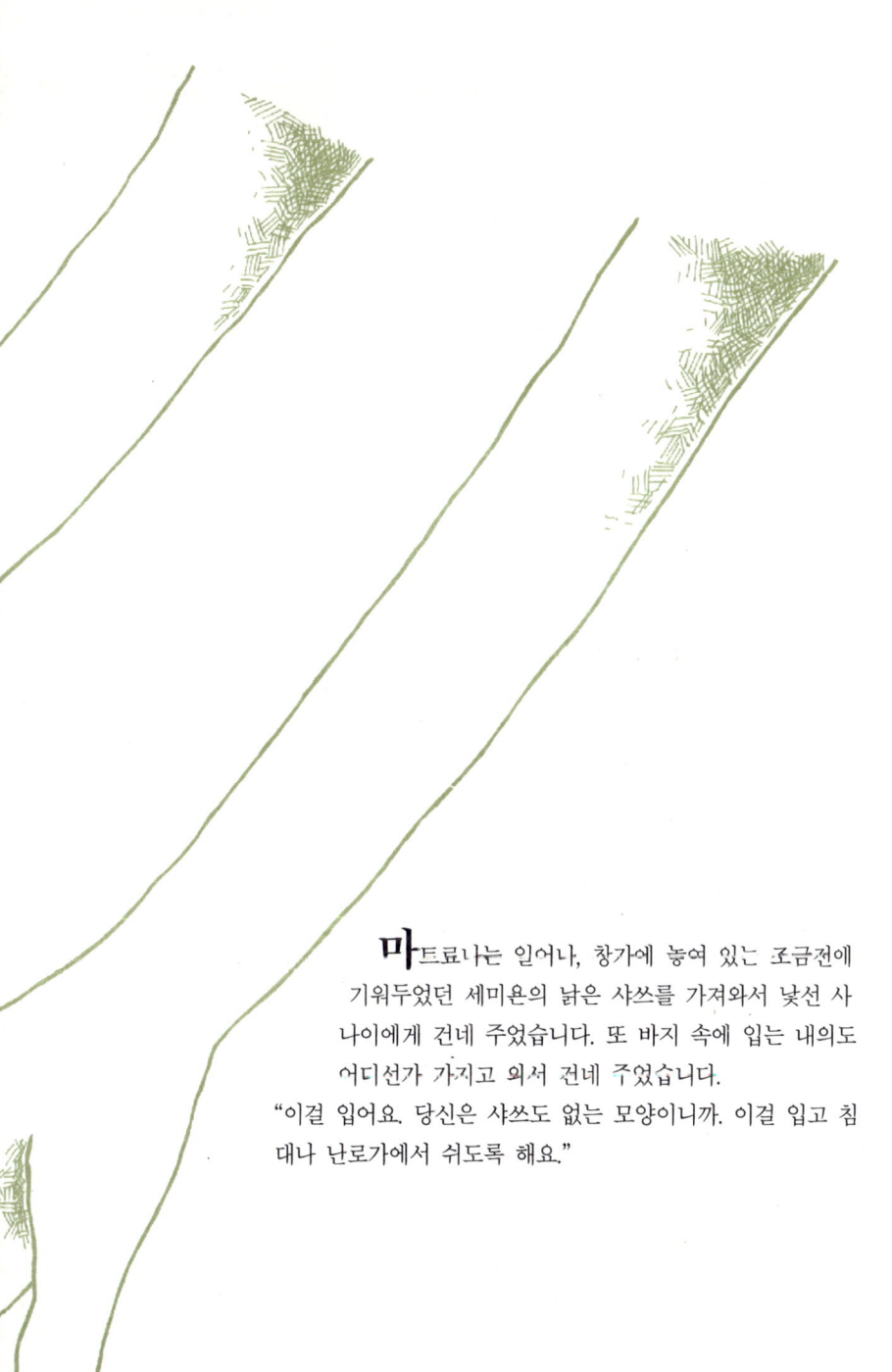

마트료나는 일어나, 창가에 놓여 있는 조금전에 기워두었던 세미욘의 낡은 샤쓰를 가져와서 낯선 사나이에게 건네 주었습니다. 또 바지 속에 입는 내의도 어디선가 가지고 와서 건네 주었습니다.

"이걸 입어요. 당신은 샤쓰도 없는 모양이니까. 이걸 입고 침대나 난로가에서 쉬도록 해요."

낯선 사나이는 카프탄을 벗고, 샤쓰와 파자마 모양의 아래 내의를
입고는 침대 위에 드러누웠습니다. 마트료나는 불을 끄고는 카프탄을 갖고
남편과 함께 잠자리에 들었습니다.
마트료나는 카프탄 자락을 덮고 드러누웠지만 좀처럼 잠을 이룰수 없었습
니다. 낯선 사나이의 일이 언제까지나 머리에서 떠나지 않았던 것입니다.

그 사나이가 마지막 빵 조각을 먹어 버려 내일 몫이 없어져 버린 것과, 샤쓰며 자기의 내의를 건네 준 걸 생각하니, 그녀는 아무래도 기분이 우울해지는 것이었습니다. 그러나 그 사나이가 빙긋 웃은 일을 생각하니 가슴이 뛰는 듯한 느낌이 들었습니다.

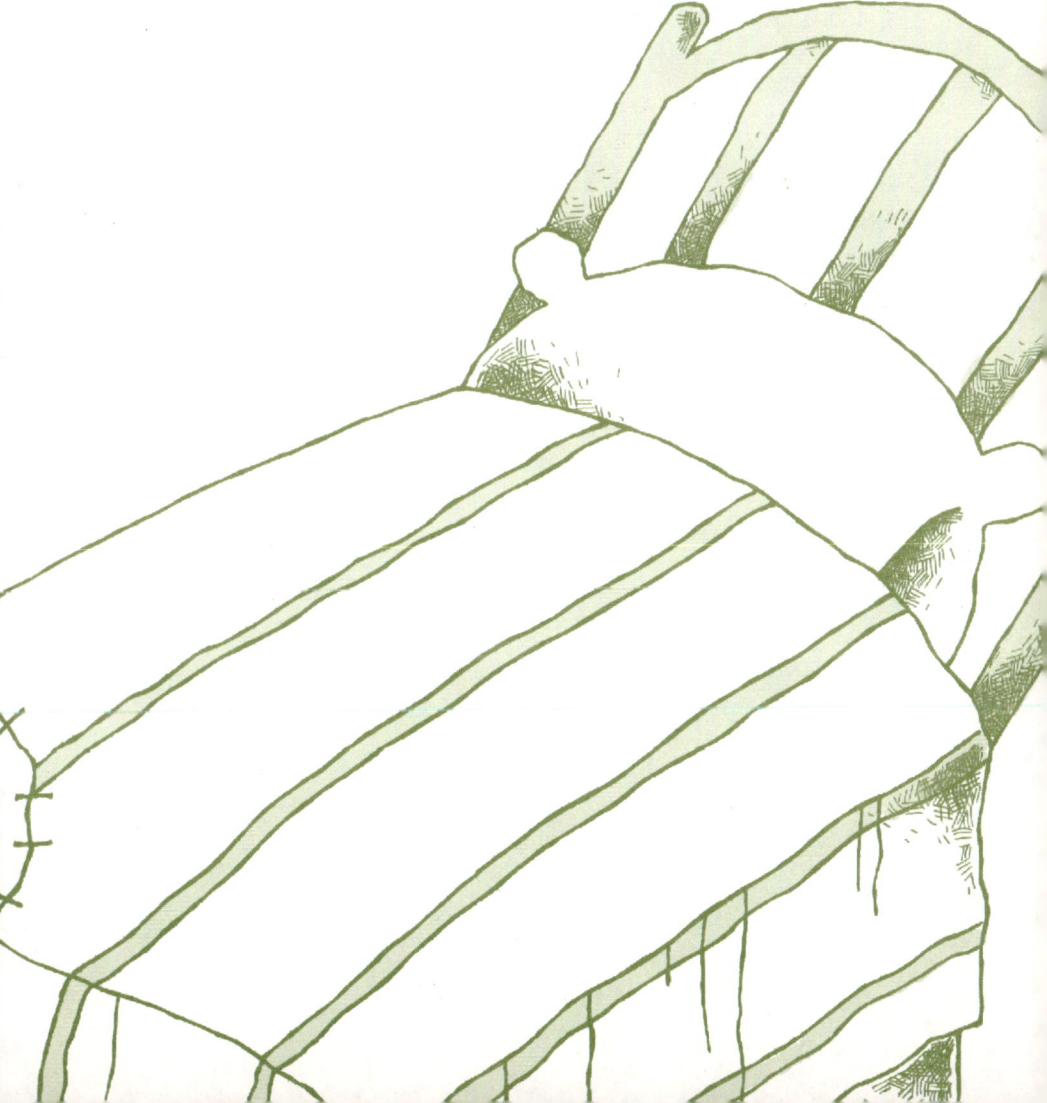

마트료나는 오랫동안 잠을 이루지 못했습니다. 귀를 기울이니 세미욘도 잠이 오지 않는지 연신 카프탄을 자신쪽으로 끌어당기고 있었습니다.

"세미욘!"

"어!"

"나머지 빵을 모두 먹어 버렸는데, 아직 밀가루 반죽도 하지 않았어요. 마라냐 아주머니한테 가서 빌어 올까요?"

"살아있는 동안은 입에 풀칠이야 하겠지."

아내는 드러누운 채 잠시 입을 다물고 있었습니다.

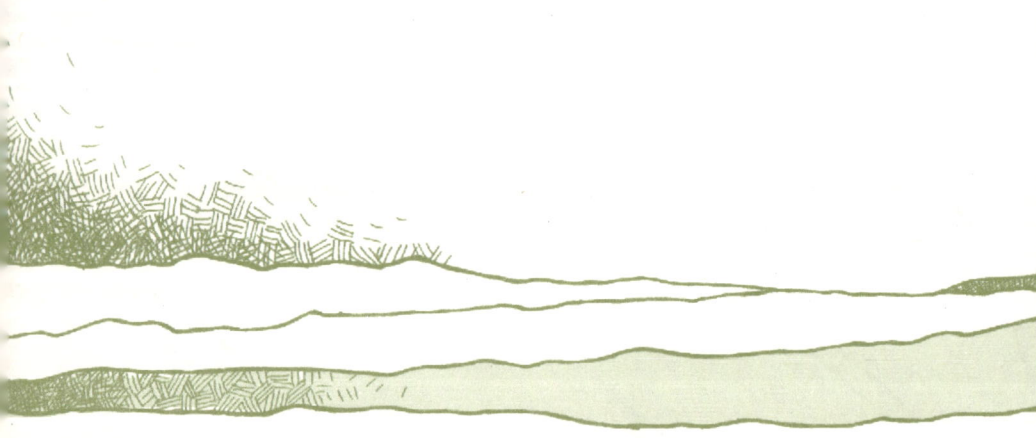

"그 사람은 보기에 좋은 사람 같은데,
왜 자신에 관한 얘기를 하려 들지 않을까요?"
"틀림없이 말할 수 없는 까닭이 있겠지."
"세미욘!"
"왜?"
"우리는 뭐든지 남에게 주는데, 왜 어느 누구도
우리에게는 아무것도 주지 않을까요?"
세미욘은 뭐라고 말해야 할지 알 수 없었습니다.
그래서,
"이제 그만 지껄여요"
하고 말하고는 몸을 뒤치며
그대로 잠들어 버렸습니다.

아침 햇살에 세미욘은 잠을
깨었습니다. 아이들은 아직 잠들어 있고,
아내는 이웃집에 빵을 빌러가고 없었습니다. 어제 데리고 온
낯선 사나이만이 혼자 낡은 샤쓰와 아래 내의를 입고 의자에 걸터앉아 가
만히 천장을 바라보고 있었습니다. 그의 표정은 어제보다 훨씬 명랑해 보
였습니다.
그래서 세미욘이 말했습니다.
"그런데, 젊은이. 허기진 배는 빵을 원하고, 헐벗은 몸은 입을 것을 원하지.
사람은 일을 해서 먹고 살아가야 하네. 자네는 무슨 일을 할 수 있나?"

“**나**는 아무 일도 할 줄 모릅니다.”
세미욘은 깜짝 놀라 말을 계속했습니다.
“하려고만 하면 방법이야 있지.
어떤 일이든 하려고만 하면 익힐 수 있어.”
“모두들 일을 하고 있으니 나도 해볼 작정입니다.”

"그런데 자네 이름은?"

"미하일입니다."

"그럼 미하일. 자네는 자신에 관한 이야기를 하기 싫은 모양인데, 그건 자네 자유이고, 아무튼 사람은 일을 해서 먹고 살아야 하네. 내가 말하는대로 일 해 준다면 우리 집에 있도록 해 주겠네."

"고맙습니다. 일을 익히도록 하겠어요.
무슨 일을 해야 할 지 가르쳐 주세요."

세미욘은 실타래를 집어 들고는, 실을 손가락에 감아
둥근 실꾸러미를 만들기 시작하였습니다.

"별로 어려운 건 아냐. 자세히 보라구···."

미하일은 한참 그것을 바라보고 있더니 이윽고 똑같이 실을 감고는 지금
보고 있던대로 이내 둥근 실꾸러미를 만들어 냈다.

세미욘은 그에게 가죽을 잇대는 일을 가르쳤습니다. 미하일은 이 역시 금
방 익혔다. 그 다음 주인은 실 속에 단단한 실을 끼워 넣는 일과 가죽 깁
는 방법을 가르쳤습니다.

미하일은 이것도 이내 익혔습니다.

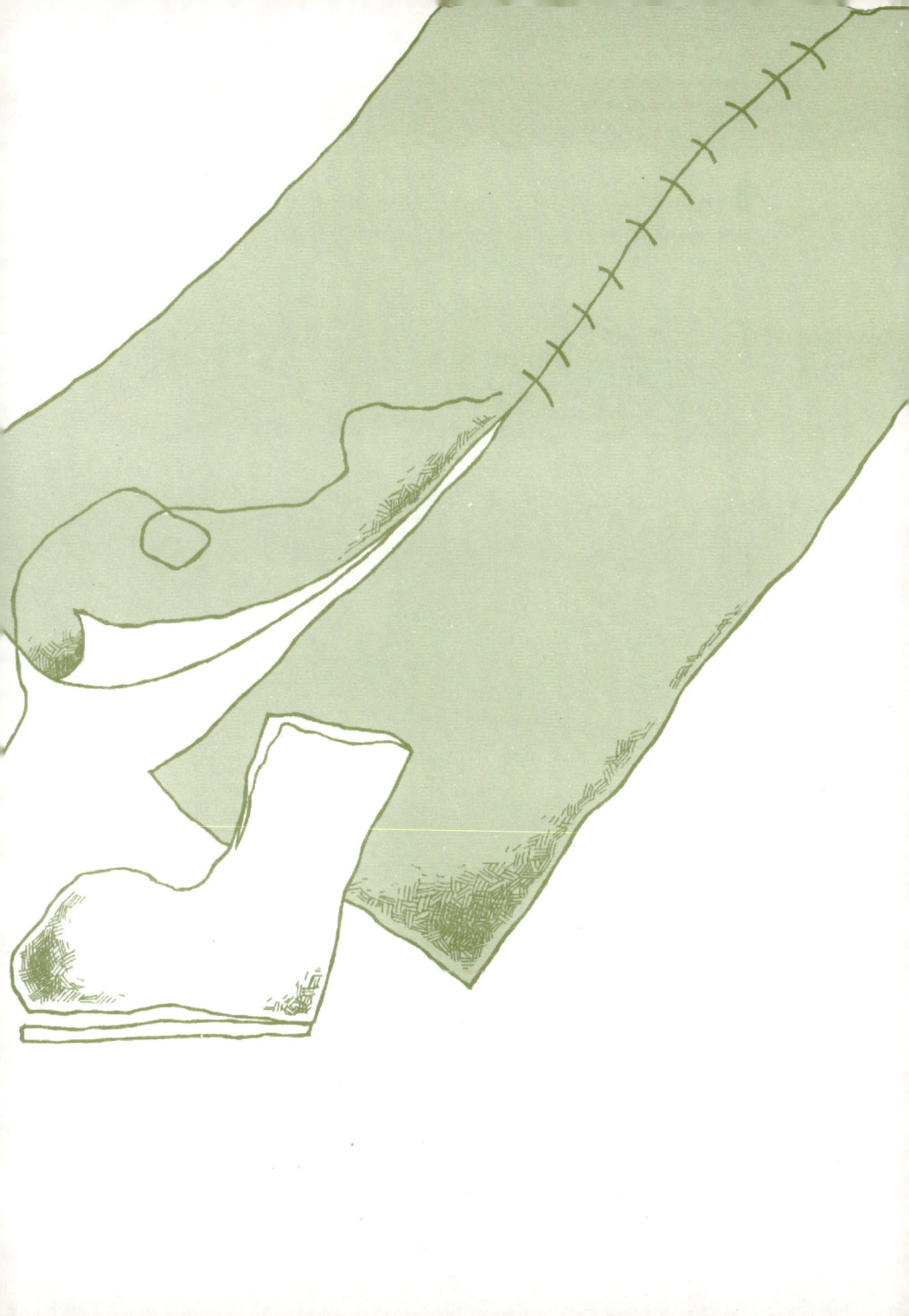

세미욘이 어떤일을 가르치든 그는 곧 모든걸 익혀서 사흘째 되는
날부터 지금까지 죽 신발 짓는 일을 해온 것처럼 부지런히 일하기 시작했
습니다.

그는 몸을 아끼지 않고 일하고 또 조금밖에 먹지 않았습니다.
일거리가 떨어지면 그는 잠자코 천장만을 응시하였습니다.
집 밖에 나가는 일도 없고, 쓸데없는 말이나 농담도 하지 않고
심지어 웃지도 않았습니다.
집안 사람들은 지금까지 단 한번, 이 집에 들어오던 날 밤에
마트료나가 저녁 대접을 했을때에
그가 빙긋이 웃는 걸 보았을 뿐이었습니다.

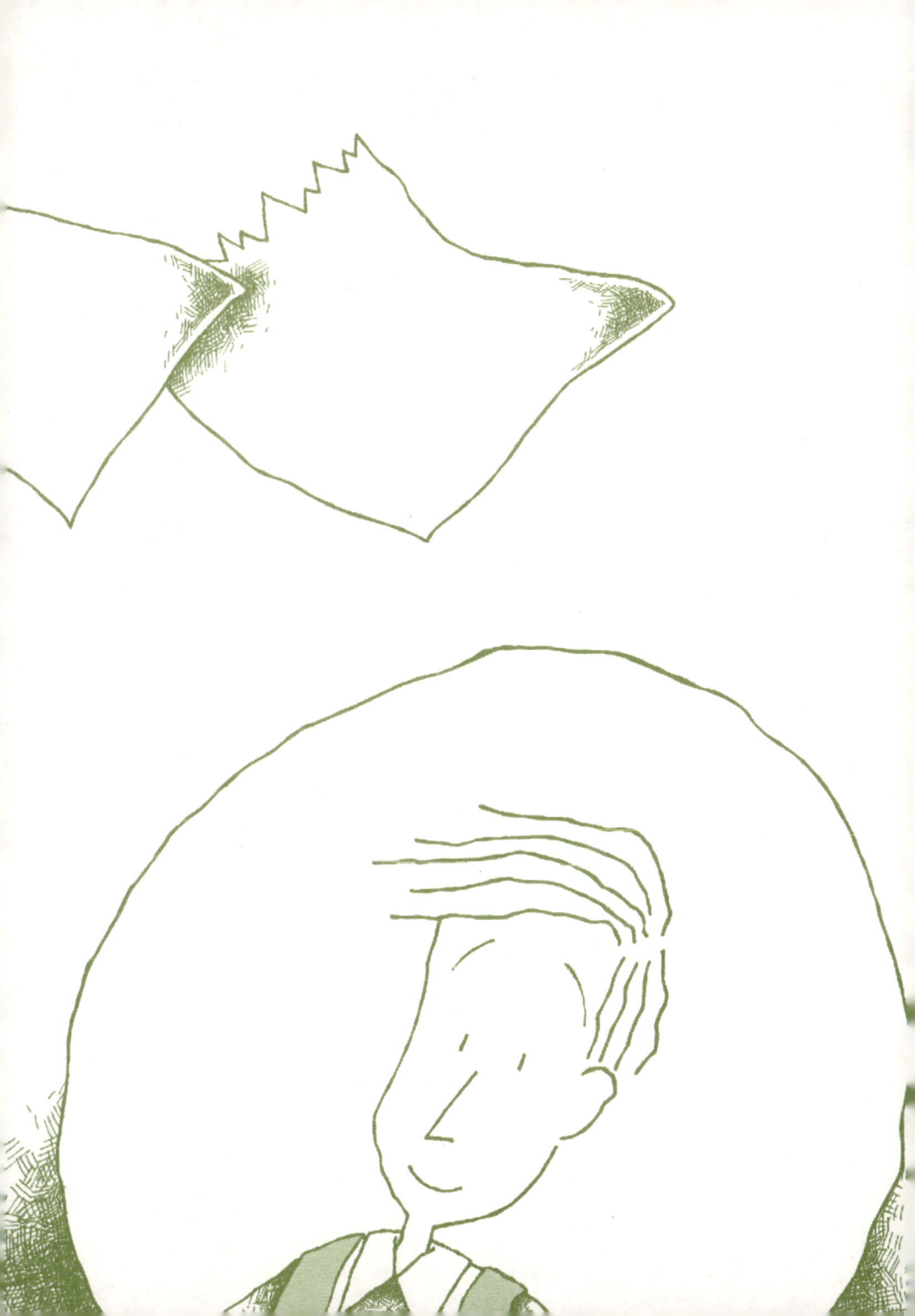

날이 가고 달이 가고, 어느 틈엔지 일년이라는 세월이 흘렀습니다.

미하일은 여전히 세미욘의 집에서 기거하며 일을 하고 있었습니다. 그리고 세미욘네의 미하일이라는 직인(職印)만큼 모양있고 튼튼한 신발을 만드는 사람은 없다는 평판이 돌자, 사방에서 일부러 세미욘네 가게로 신발을 주문하러 오게 되었습니다. 덕분에 세미욘의 수입은 점차 불어나게 되었습니다.

어느 겨울날 세미욘이 미하일과 함께 자리에 앉아 일을 하고 있는데, 썰매 형태의 삼두마차가 방울 소리도 요란하게 세미욘의 집으로 다가왔습니다.

두 사람이 창밖을 내다보니 마차가 집앞에 멎더니, 건장한 젊은이가 마부(馬夫)자리에서 뛰어내려 상자 모양의 마차의 문을 열었습니다.

마차 속에서 내려선 이는 모피 외투를 걸친 훌륭한 손님이었습니다. 손님은 세미욘의 집을 향해 걸어왔습니다. 이어 입구의 계단으로 들어섰습니다. 마트료나가 뛰어나가 입구의 문을 활짝 열어 젖혔습니다. 손님은 허리를 구부리고 집안에 들어오자, 구부리고 있던 허리를 쭉 폈습니다.

그러자 머리가 거의 천장에 닿을 것처럼 보이고 방이 갑자기 좁아졌습니다.

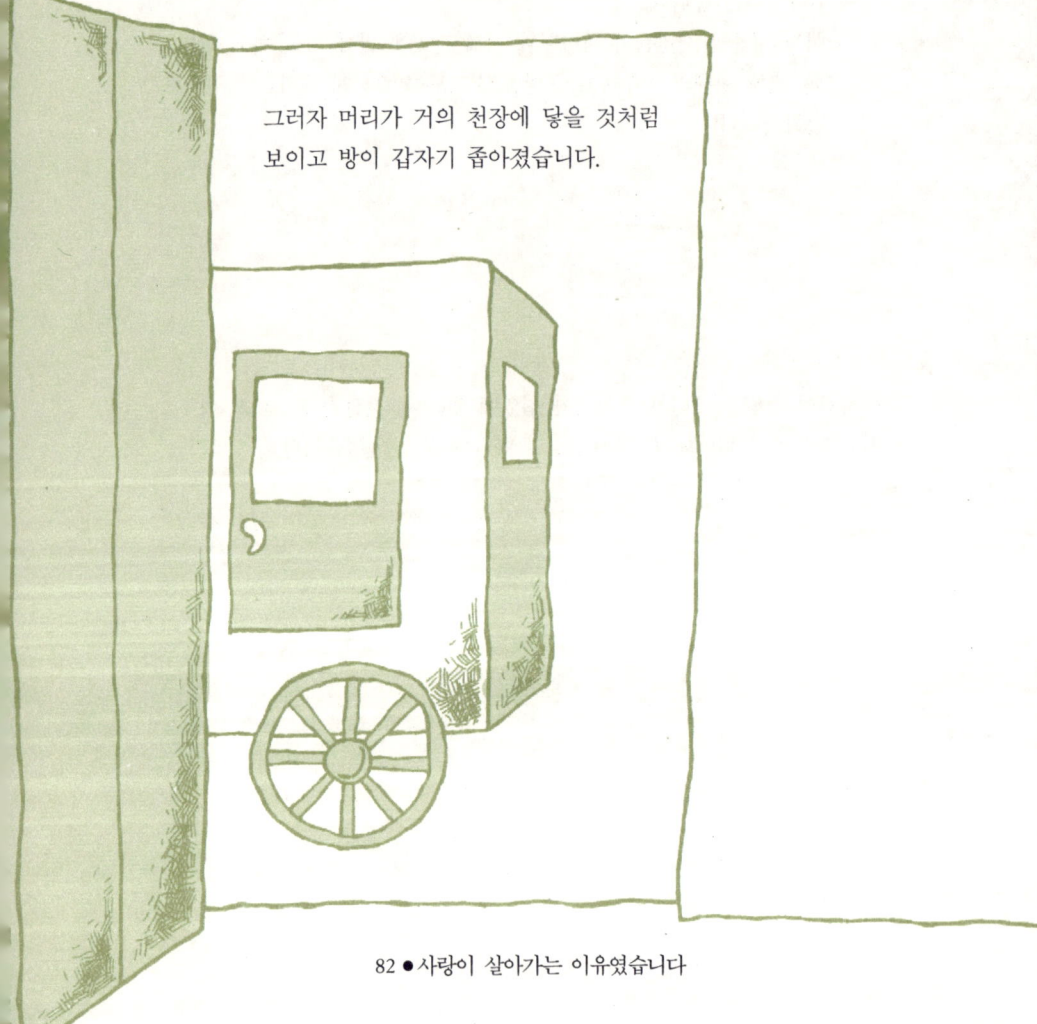

세미욘은 일어나 인사를 했는데, 그 손님의 모습을 보고는 깜짝
놀랐습니다. 지금까지 이렇게 큰 인간은 한번도 본적이 없었기 때문이었습
니다.

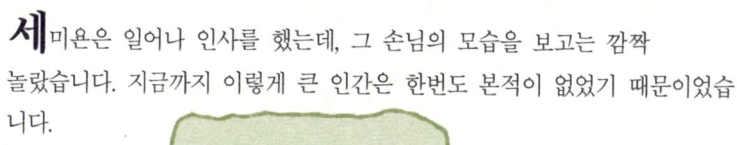

세미욘은 몸이 홀쭉하
고 미하일은 야윈 편
이며 마트료나는 가늘
기가 마른 나뭇가지나
다름 없는데, 이 손님은 마
치 다른 세계
에서 온 인간
같았습니다.
얼굴은 붉고, 잔뜩
살이 찐, 목은 황
소 모가지 같으며,
온몸이 무쇠로 만
들어진 것처
럼 튼튼해 보
였습니다.

손님은 크게 숨을 내쉬고는 모피 외투를 벗고
의자에 걸터앉으며 말했습니다.
"이 신발 가게 주인은 누군가?"
세미욘이 나서며 말했습니다.
"접니다, 손님."
손님은 자신의 하인에게 큰 소리로 외쳤습니다.
"이봐, 페지카, 물건을 이리로 가져와."

하인이 보따리를 들고 종종걸음으로 뛰어왔습니다.

보따리를 받아 든 손님은 그것을 테이블 위에 올려놓았습니다.

"풀어."

손님이 말하자 하인이 보따리를 풀었습니다.

손님은 신발 재료를 가리키며 세미욘에게 말했습니다.

"이봐, 잘 들으라구, 구두 수선공. 이 물건들이 보이겠지?" "보입니다, 손님." 세미욘이 말하자 그 손님이 물었습니다.

"하지만 알 수 있겠나, 이게 대체
어떤 물건인지?" 세미욘은 물건을
잠깐 만져 보고 나서 말했습니다.
"좋은 물건이군요."
"좋은 물건이라구? 이 얼간아,
너는 이렇게 좋은 물건은 아직
본적도 없을 거야.

이것은
독일제(製)로,
20루블이나 준거지."
세미욘은 겁먹은 표정으로 말했습니다.
"저희들이 볼 수 있는 물건이 아니군요."
"암, 그렇구말구. 그런데 이 재료로
내 발에 딱 들어맞는 장화를 만들수 있겠나?"
"그럼요, 손님!"

손님은 큰 소리로 세미욘에게 호령을 했습니다.

"대체 누구를 위해 만드는지, 어떤 재료로 만드는지 잘 기억해 두라구. 일년을 신어도 모양도 일그러지지 않고 상하지도 않는 그런 장화를 만드는 거야. 만들수 있다고 생각되면 재단하고, 만들 자신이 없으면 일도 맡지 말고 재료에도 칼을 대선 안 된단 말야. 미리 말해 두지만, 일년도 채 되기 전에 장화의 모양이 일그러지거나 파손되면, 너를 감옥에 쳐넣을 테다. 그 대신 일년이 지나도 모양도 일그러지지 않고 파손되지도 않으면, 일한 대금으로 10루블을 지불하겠다."

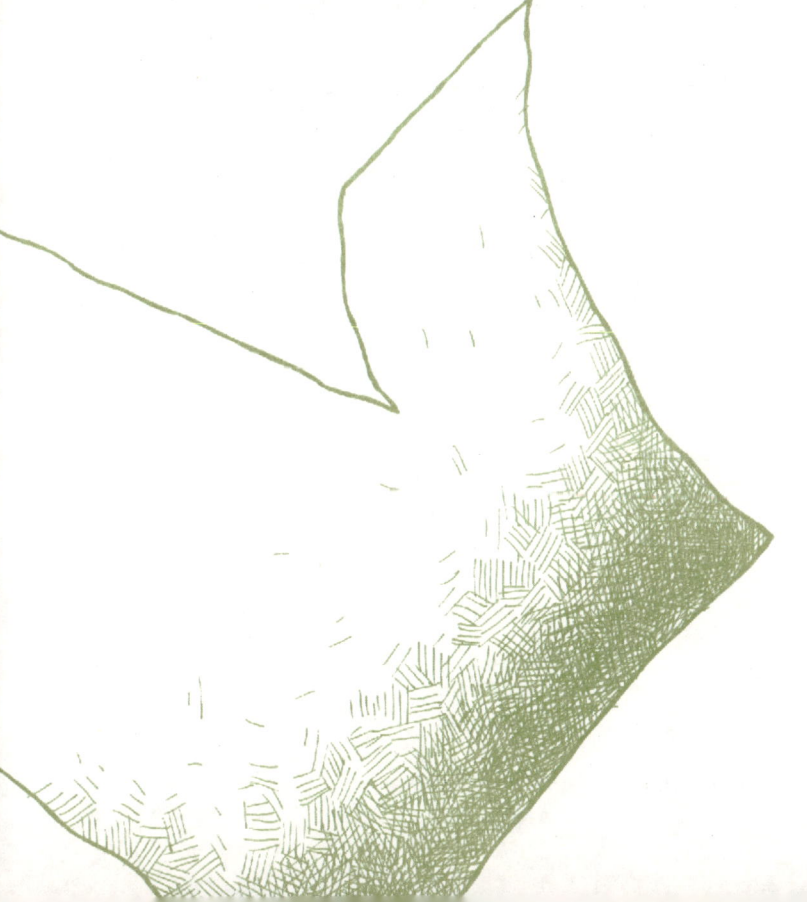

세미욘은 잔뜩 겁을 먹고 뭐라고 말해야 할지 알 수 없었습니다.

그는 미하일을 흘끗 돌아보았습니다. 그리고 팔꿈치로 가볍게 쿡쿡 찌르며 작은 소리로 속삭였습니다.

"맡아야 하나? 어떡하지?"

미하일은 '좋아요, 일을 맡으세요.'라고 말하는 것처럼 고개를 끄덕여 보였습니다.

세미욘은 미하일의 뜻대로 일년간을 모양도 일그러지지 않고 상하지도 않는 장화를 만드는 일을 맡기로 하였습니다.

손님은 하인을 불러 왼발의 장화를 벗기도록 이르고는 발을 뻗었습니다.

"치수를 재라구!"

세미욘은 50센티미터 정도 길이의 종이 조각을 대고 주름을 편 다음, 무릎을 꿇고 손님의 신발을 더럽히지 않도록 꼼꼼히 작업용 앞치마로 손을 닦은 후에 치수를 재기 시작했습니다. 세미욘은 먼저 발바닥을 재고, 이어 발등을 재었습니다. 그리고 장딴지를 재려 했지만, 그 종이로는 아무래도 모자랐습니다. 장딴지 언저리가 마치 통나무처럼 굵었기 때문이었습니다.

"주의해서 장딴지께가 꼭 끼지 않도록 해."

세미욘은 종이 조각에 다시 종이 조각을 이어 대기로 하였습니다. 손님은 의자에 걸터앉은 채 양말속의 발가락을 꼼지락거리면서 집안 사람들을 둘러보기 시작했습니다. 그리고 미하일을 가리키며 말했습니다.

"그런제 저 사나이는 누구지? 당신 가게 직인(職人)인가?"

"저 사람은 솜씨가 빼어난 직인입니다.
나리의 신발도 저 사람이 지을겁니다."

"그럼 너도 주의해서 틀림없이 일년 동안은
탈이 나지 않는 신발을 만들어야 한다."

하고 손님이 미하일에게 말했습니다.

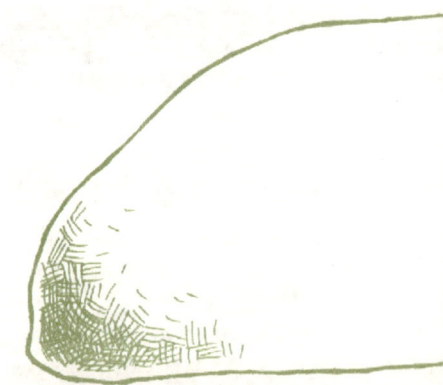

세미온은 미하일을 흘끗 바라보았습니다.
그런데 미하일은 손님을 바라보지도 않고, 마치 누군가를 응시하고 있는
것처럼 손님의 뒤 방구석쪽에 가만히 시선을 보내고 있는게 아니겠습니까!
갑자기 빙긋 웃으면서 얼굴이 환하게 밝아지는 것이었습니다.

"이봐, 뭘 싱글거리고 있는거야. 이 얼간아! 그보다는 주의해서
기일내에 신발을 잘 만들어야 한단 말이야."
그러자 미하일이 말했습니다.
"필요하실 때까지 꼭 만들어 드리겠습니다."
"그걸 잊지 말라구."
손님은 장화를 신고, 모피 외투를 걸치고 앞을 여미고는 출구 쪽으로 걸어
갔습니다. 하지만 허리를 구부려야함을 잊었기 때문에, 문 위에 가로 댄
나무에 세게 머리를 부딪혔습니다.

손님은 상스러운 욕설을 하고 머리를 문지르고는,
상자 모양의 마차를 타고 떠나 버렸습니다.
손님이 떠나는 것을 보고, 세미욘이 말했습니다.
"어때, 굉장히 건장한 사람이군. 저 정도면 때려 죽이려 해도 죽을 것 같지
않은데. 하마터면 문 위에 가로댄 나무를 머리로 날려 버릴뻔 했어. 본인
은 대단치 않았던 것 같지만."
그러자 마트료냐가 그에게 이어 말했습니다.
"저렇게 살아가고 있는 사람은 야위고 싶어도 야윌 수 없어요.
그처럼 건장한 사람에게는 사신(死神)도 접근하지 않거든요."

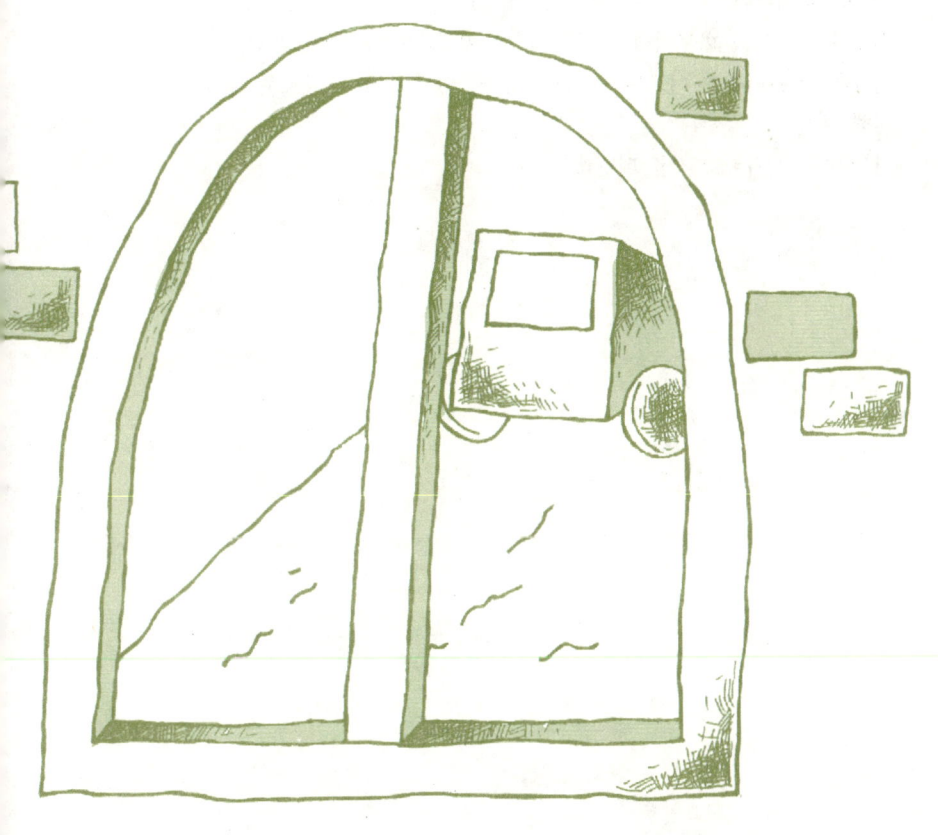

세미욘은 미하일에게 말했습니다.

"일을 맡은건 좋지만, 실수하지 않도록 주의하지 않으면 큰일 나네. 재료는 값이 비싸고, 또 손님은 화를 잘 내는 사람이니까. 어떻게든 실수하지 않도록 마무리해야 해. 그러니 자네가 눈도 밝고 솜씨도 지금은 나보다 훨씬 나으니까, 여기 치수가 있네. 이걸로 재료를 재단해 보게.

나는 표면의 가죽을 기울 테니까."

미하일은 시키는대로, 주인이 가져온 재료를 집어들어 대(臺)위에 펼친 다음 그것을 둘로 접어 칼을 쥐고 재단하기 시작했습니다.

마트료나는 옆으로 다가가 미하일이 가죽을 재단하고 있는걸 살펴보았지만 미하일이 대체 무슨 일을 하고 있는지 알 수가 없었습니다. 마트료나는 이전부터 신발 짓는 일을 죽 보아왔기 때문에, 미하일이 장화를 만들기 위한 재단을 하지 않고, 둥근 모양으로 재단하고 있음을 알아챈 것입니다.

마트료나는 참다 못해 한마디 해줄까 했지만, 속으로 생각하였습니다. '이것은 아마 손님의 장화를 만드는 법을 내가 모르기 때문일거야. 미하일이 나보다 더 잘 알고 있을테니 쓸데없이 간섭하지 말기로 하자.'

미하일은 한 켤레분의 가죽을 재단하고는, 그 가장자리를 잡고 장화처럼 양끝에서 꿰매는게 아니라, 슬리퍼라도 만드는 것처럼 한쪽 끝만을 꿰매 나가기 시작하였습니다.

이를 보고 마트료나는 놀랐지만, 그래도 참견하려 하지 않았습니다. 미하일은 계속 꿰매 나갔습니다. 이윽고 점심때가 되었으므로, 세미욘이 자리에서 일어났습니다.

미하일 쪽을 바라보니 그의 앞에는 그 손님의 재료로 한 켤레의 슬리퍼가 완성되어 있지 않은가.

세미욘은 자기도 모르게 '앗' 소리를 질렀습니다.

'이게 대체 어찌 된 일이야? 미하일은 지금까지 일년 동안이나 일해 오면서, 그동안 한번도 실수를 하지 않았는데, 이제 와서 이렇게 엄청난 실수를 하다니. 그 손님은 통가죽 겉면에다 장식 무늬를 넣은 장화를 주문 하셨는데, 이놈은 바닥 가죽을 대지 않은 부드러운 슬리퍼를 만들어 재료를 몽땅 망쳐버렸군. 손님에게 뭐라고 변명을 하지? 이런 재료는 쉽게 구할수도 없는데 야단났는 걸.'

그가 미하일에게 잔소리를 늘어놓기 시작한 바로 그 순간 문의 손잡이가 덜컥거리도록 누군가 문을 노크하였습니다. 두 사람이 창밖을 내다보니, 누가 말을 타고 와서 마침 말을 매어 두고 있는 참이었습니다. 문을 열어 주니 들어선 사람은 아까 그 손님의 젊은 하인이었습니다.

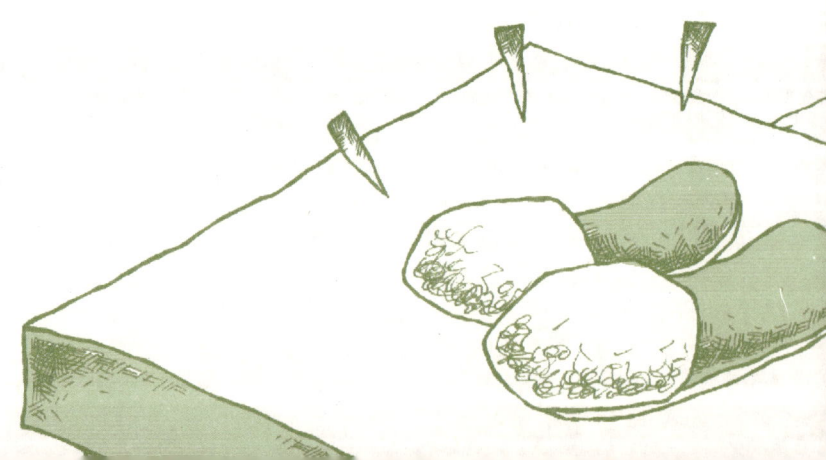

"안녕하시오!"
"아, 어서 와요. 무슨 일로?"
"실은 그 장화에 관한 일로
마님의 지시를 받고 왔는데요."
"장화에 관한 일이라고?"
"그 장화 말이에요,
이제 주인에게는
그 장화가 필요없게 되었지요.
주인이 죽어 버려서요."
"뭐라구?"

"이곳을 떠나 아직 집에 도착하기 전에 마차속에서 죽어 버렸어요. 마차가 집에 도착하여, 모두들 나와서 내려드리려 하는데, 주인의 몸이 쌀가마니처럼 털썩 굴러 떨어지지 뭡니까. 그래서 보니 주인은 이미 몸이 굳어진 채 죽어 있었어요. 그래서 가까스로 마차로부터 끌어내렸지요. 그래서 나는 마님의 심부름으로 왔는데, 마님은 '신발 짓는 이에게 가서 이렇게 말하고 오게. 주인이 장화를 주문하면서 재료를 맡기셨는데, 이제 장화가 필요없게 되었으니, 그 대신 그 재료로 죽은 이에게 신길 슬리퍼를 급히 만들어 달라고 부탁하게. 그리고 완성될 때까지 기다리고 있다가 그 슬리퍼를 갖고 오게.'라고 말씀하셨어요. 그래서 이렇게 달려온 겁니다."

미하일은 마름대 위에 놓인 가죽 조각들을 챙기고, 완성되어 있는 슬리퍼를 집어 들고 두 짝을 맞추어 작업용 앞치마로 잘 닦은 다음에 하인에게 건네 주었습니다. 하인은 슬리퍼를 받아 들며 인사했습니다.

"그럼, 잘 있어요."

다시 해를 거듭하여, 미하일이 세미욘의 집에 온 지도
어느덧 6년이 되었습니다. 그의 생활은 이전과 조금도 달라진 게 없었습니다. 어디에 나가지도 않고, 쓸데없는 말을 하지도 않으며, 그동안 단 두번 빙긋 웃었을 뿐이었습니다. 한 번은 세미욘의 아내가 그에게 저녁 식사를 대접해 주었을 때였고, 또 한번은 장화를 주문하러 온 손님의 얼굴을 보았을 때였습니다. 세미욘은 자신이 데리고 있는 지인의 일을 생각하면 기쁘기 한량없었습니다. 그래서 이제는 어디서 왔느냐고 물으려고도 하지 않았습니다. 다만 미하일이 일을 그만두고 나가버리지 않을까 걱정될 뿐이었습니다.

어느날 집안 사람들이 모두 한자리에 모여있었습니다.
부인은 화덕에 남비를 얹고, 아이들은 의자 사이를 뛰어다
니거나 창밖을 내다보곤 했습니다. 세미욘은 창문 앞에서
가죽을 꿰매고, 미하일은 다른 창문 앞에서 신발 뒤축을
달고 있었습니다.
사내아이가 의자 위에서 미하일에게로 다가가, 미하일의
어깨에 기대며 창바깥을 내다보았습니다.
"미하일 아저씨, 저것 좀 봐요. 가게집 아주머니가 두 여자
아이를 데리고 우리 집으로 오고 있어요. 한 아이는 절름
발이예요."
사내아이가 이렇게 말하기가 무섭게 미하일은 갑자기 하던
일을 멈추고, 창문쪽으로 돌아 앉아 한길을 가만히 응시했
습니다.

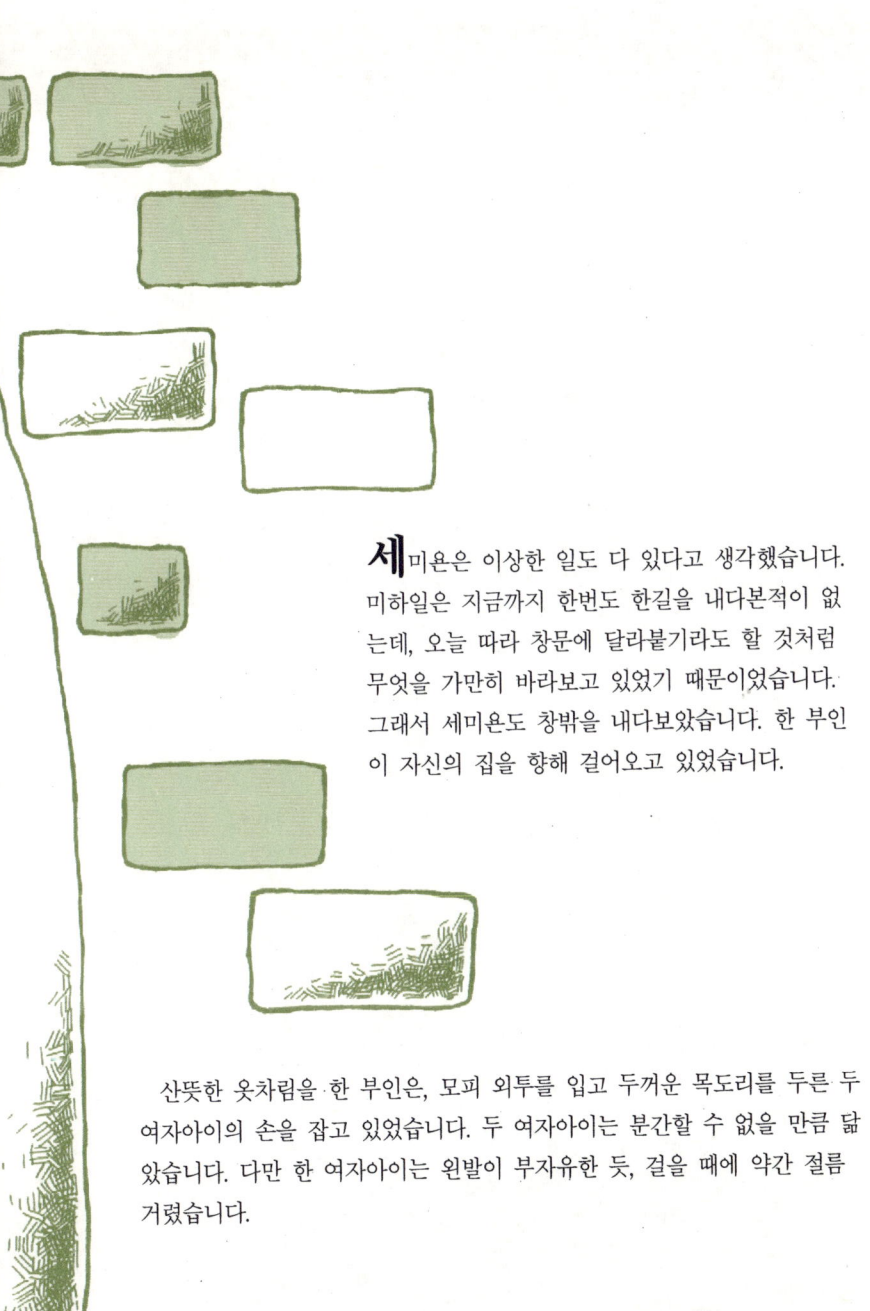

세미욘은 이상한 일도 다 있다고 생각했습니다. 미하일은 지금까지 한번도 한길을 내다본적이 없는데, 오늘 따라 창문에 달라붙기라도 할 것처럼 무엇을 가만히 바라보고 있었기 때문이었습니다. 그래서 세미욘도 창밖을 내다보았습니다. 한 부인이 자신의 집을 향해 걸어오고 있었습니다.

산뜻한 옷차림을 한 부인은, 모피 외투를 입고 두꺼운 목도리를 두른 두 여자아이의 손을 잡고 있었습니다. 두 여자아이는 분간할 수 없을 만큼 닮았습니다. 다만 한 여자아이는 왼발이 부자유한 듯, 걸을 때에 약간 절름거렸습니다.

부인은 입구의 계단을 올라 어두운 복도에 발을 들여놓고는, 손으로 더듬어 손잡이를 잡고 문을 열었습니다. 그리고 두 여자아이를 앞 세우고 방안으로 들어왔습니다.

"여러분, 안녕하세요!"

"어서 오세요. 무슨 일로 오셨죠?"

부인은 테이블 앞의 의자에 걸터앉았습니다. 두 여자아이는 그녀의 무릎에 매달리며 낯을 가렸습니다.

"실은 봄이 되어 이 아이들에게 신길 가죽 구두를 만들어 주셨으면 하구 요."

"네, 알았습니다. 이렇게 어린 아기들이 신을 신발은 아직 만들어 본 적이 없지만, 어떤 것이든 만들어 드리죠. 가장자리에 무늬를 넣은 것이든, 천을 받친 것이든, 뭐든 만들어 드리겠어요. 우리 집에는 미하일이라는 솜씨가 뛰어난 직인이 있으니까요."

그렇게 말하며 세미욘은 미하일을 흘끗 바라보았습니다. 미하일은 일을 멈 추고, 앉은채로 가만히 두 여자아이의 얼굴을 바라보고 있었습니다.

세미욘은 그러한 미하일의 태도를 보고 깜짝 놀랐습니다.
'음, 무리한 일도 아니지. 둘 다 정말 예쁜 아이들이니까.' 실제로 둘 다 눈이 검고 포동포동한 장미빛의 볼을 가진 귀여운 여자아이들이었으며, 모피 외투나 목도리도 고급품이었습니다. 그러나 세미욘에게는 마치 낯익은 사람을 대하듯이 미하일이 두 아이의 얼굴을 가만히 바라보고 있는 게 아무래도 이상하게 생각되었습니다.

세미온은 좀 이상하다고 생각했지만,
아무튼 그 부인과 상담(商談)을 시작하였습니다. 그리고 결정이 되어 치수
를 재기로 하였습니다. 부인은 한쪽 다리가 부자유한 여자아이를 무릎 위
로 안아 올리며 말했습니다.
"이 아이의 발로 두 사람분의 치수를 재어 주세요. 신발은 구부러진 쪽의
발의 치수로 한 짝, 구부러지지 않은 쪽의 발의 치수로 세 짝을 만들면 돼
요. 둘 다 발 크기는 똑같으니까요. 이 아이들은 쌍둥이거든요."

세미욘은 치수를 재고 나서, 발이 부자유한
여자아이를 바라보며 말했습니다.
"어쩌다가 발이 이렇게 되었죠? 이처럼 귀여운 아가씨의 발이. 태어나면서
부터 이랬던가요?"
"아뇨, 애들 엄마가 잘못 눌러 뭉갠 때문이에요."
이때 마트료나가 끼어 들었습니다. 이 부인이 어디 사는 누구이며, 이 아
이들과는 어떤 관계인지 물어 보고 싶었던 것입니다.
"그러면 부인은 이 아이들의 친어머니가 아니란 말인가요?"

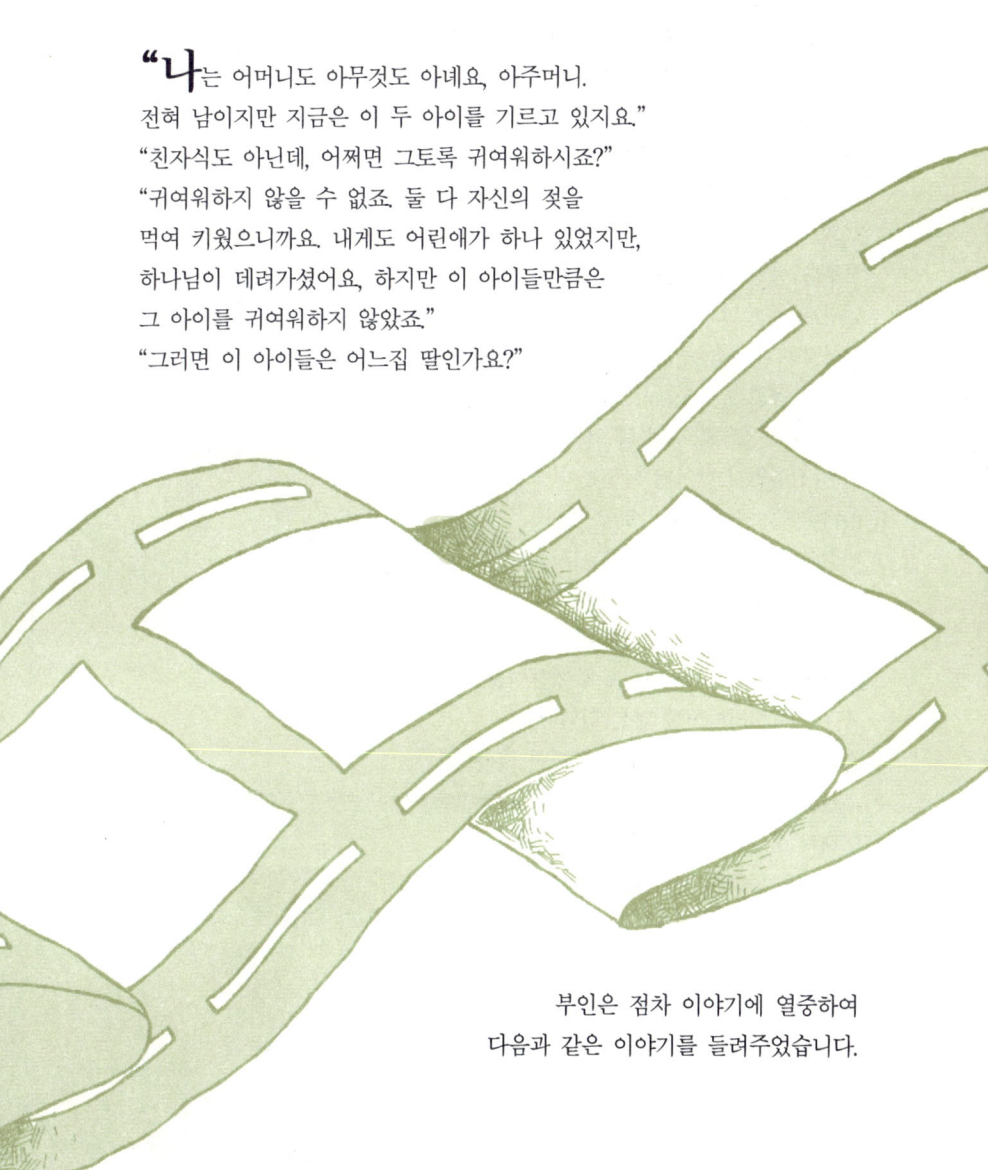

"나는 어머니도 아무것도 아녜요, 아주머니.
전혀 남이지만 지금은 이 두 아이를 기르고 있지요."
"친자식도 아닌데, 어쩌면 그토록 귀여워하시죠?"
"귀여워하지 않을 수 없죠. 둘 다 자신의 젖을
먹여 키웠으니까요. 내게도 어린애가 하나 있었지만,
하나님이 데려가셨어요. 하지만 이 아이들만큼은
그 아이를 귀여워하지 않았죠."
"그러면 이 아이들은 어느집 딸인가요?"

부인은 점차 이야기에 열중하여
다음과 같은 이야기를 들려주었습니다.

"**약** 6년 전의 일인데, 이 두아이는 일주
일동안에 고아가 되어 버린거예요. 아버지의 장례식을
치른게 화요일인데, 금요일에는 어머니가
세상을 떠나고 말았거든요.
이 가엾은 아이들은 아버지가 사망한 지
3일만에 태어났으며, 어머니와는 단
하루도 함께 살지 못했어요. 마침 그 무렵
남편과 나는 그 이웃에서 농사를 지으며
살아가고 있었습니다. 이 아이들의 아버지는
친척 하나없는 농부로서, 숲에서
일을 하고 있었죠. 그런데 어느날,
어찌 된셈인지 베어낸 나무들이
쓰러지는 바람에, 그는 밑에 깔려
내장이 온통 터져 나왔어요.
겨우 집으로 옮겨져 온 후, 하나님이
그의 영혼을 거두어 가셨습니다.
그런데 그의 부인이 며칠후에 쌍둥이를,
즉 이 두 여자아이를 낳은 겁니다.
몹시 가난하고 친척도 없는 부인이 혼자서요.
조산원도 없고 돌보아 주는 여자도 없었지요.
그래서 부인은 누구의 손도 빌지 않고
아기들을 낳고는 혼자 죽어 간 겁니다."

잠시 쉬다가 이윽고 부인은 말을 계속했습니다.

"나는 이튿날 아침에 이웃에 문안을 갔었어요. 집안에 들어가 보니, 가엾게도 부인의 몸은 이미 차가워져 있었습니다.

그런데 숨을 거둘때에 한 여자아이 위로 쓰러졌던가 봐요. 그 때문에 이 아이를 깔아 뭉게서 이 한쪽 다리를 절름발이로 만들어 버린 거예요. 마을 사람들이 모여 부인의 몸을 깨끗이 닦고 관을 만들어, 장례를 지내주었습니다. 모두 친절한 사람들이었으니까요.

두 갓난아이만 뒤에 남겨졌지요. 이 두 아이를 어떻게 해야 했을까요? 갓난 아이가 있는 이는 여자들 중에서 나뿐이었어요. 태어난 지 8주일 되는 첫아들에게 나는 젖을 먹이고 있었습니다. 그래서 내가 그 두 아이를 잠시동안만 맡게 되었죠. 마을 어른들이 모여 두 아이를 어떻게 해야 할 지 골똘히 생각한 끝에, '아무튼 마리아 아주머니께서 우선 이 두 아이를 맡아주세요. 모두들 차차 대책을 세우도록 할 테니까요'라고 말하는 거예요.

난 발이 구부러지지 않은 아이에게만 젖을 주고 발이 부자유한 이 아이에게는 주지 않으려고 생각한 적도 있었어요. 이 아이는 잘 자라지 못할 것 같은 느낌이 들었기 때문이예요.

하지만 이 천사와 같은 영혼을 가진 갓난아이를 이대로 죽여서야 되겠는가 마음속으로 생각했지요. 그러자 그 아이도 어쩐지 불쌍하게 여겨지더군요. 그래서 함께 젖을 주기로 했죠. 그래서 제 아들과 이 둘, 즉 세 갓난아기에게 젖을 주며 기르게 된 겁니다! 그때 난 젊고, 체력도 좋고, 음식도 잘 먹었으니까요. 덕분에 하나님이 젖을 듬뿍 내려 주셔서, 때로는 두 젖가슴에 젖이 넘쳐 흐를 정도였어요.

두 아기에게 함께 젖을 주면, 그동안 다른 한 명은 기다리고 있는거예요. 한 명이 실컷 마시고 손을 놓으면, 또 한 명을 안아올리곤 했습니다.

이리하여 하나님의 은혜로 두 아이는 이만큼 길렀지만, 내 친아들은 두 살 때 하나님이 데려가셨습니다. 그리고 하나님이 그 후로는 아이를 내려주시지 않았습니다. 하지만 재산은 점차 불어났어요. 그래서 지금은 이 고장에서 상인(商人)이 갖고 있는 물방아간을 맡아 생활해 가고 있습니다. 수입이 아주 좋아서 살아가는데는 아무 걱정도 없어요. 다만 자격이 없을 뿐입니다. 만일 이 두 여자아이가 없다면, 나는 혼자서 어떻게 살아가겠어요! 그런 걸 생각하면 귀여워하지 않을 수 없답니다. 내가 촛불이라면 이 두 아이는 납(鑞)과 같은 존재거든요!"

이렇게 말하고 그 부인은 한 손으로 발이 부자유한 여자아이를 가슴에 껴안고, 다른 손으로 볼의 눈물을 닦기 시작했습니다.

마트료나도 한숨을 내쉬며 말했습니다.

"속담에 '어버이 없어도 자식은 자라지만, 하나님이 없으면 어버이도, 자식도 살아갈 수 없다'는 말이 있는데, 정말 옳은 말이예요."

이렇게 얼마동안 서로 이야기를 나누다가,
이윽고 부인은 가 봐야겠다며 일어섰습니다. 주인부부는 부인을 대문까지
바래다 주고, 대문께에서 미하일을 돌아보았습니다. 미하일은 무릎위에 두
손을 포개고 앉은채 가만히 천장을 바라보며 빙긋 웃고 있었습니다.
세미욘이 옆으로 다가가,
"왜 그러나, 미하일!"
하고 말을 걸었습니다.
미하일은 의자에서 일어서저 도구들을 한쪽에 치우고는 작업용 앞치마를
벗고 주인 부부에게 절을 하며 말하였습니다.
"두 분 다 제발 나를 용서해 주세요. 하나님은 나를 용서해 주셨습니다. 그
러니까 두 분도 제발 나를 용서해 주세요."

그때 주인 부부는 미하일의 몸에서 후광(後光)이 비치고 있는 걸 보았습니다. 그래서 세미욘도 일어나 미하일에게 절을 하며 말하였습니다. "나도 미하일, 자네가 보통 인간이 아니라는 것, 자네를 붙들어 둘 수는 없다는 것, 또 자네에게는 아무것도 물어서는 안 된다는 것을 알고 있네. 하지만 한가지만 내게 가르쳐 주지 않겠나? 내가 자네를 발견하여 이 집에 데려왔을 때에 자네는 몹시 어두운 얼굴을 하고 있었는데, 아내가 자네에게 저녁을 대접하자 자네는 아내에게 빙긋 웃고, 그때부터 죽 밝은 표정을 짓게 되었는데, 대체 그 까닭이 무엇인가? 그리고 어느분이 장화를 주문하셨을 때에도 자네는 빙긋 웃고, 그때부터는 이전보다 더욱 밝은 표정을 짓게 되지 않았나? 그리고 지금 그 부인이 두 여자아이를 데리고 왔을 때에 자네는 또 세 번째로 빙긋 웃었는데, 이번에는 온몸이 빛나고 있어. 미하일, 왜 자네의 몸이 빛나게 되었는지, 또 왜 자네는 세 번 웃었는지 제발 그 까닭을 들려주지 않겠나?"

"왜 나의 몸이 빛나고 있는가 하면, 지금까진 벌을 받고 있었지만 하나님이 이제 나를 용서해 주셨기 때문입니다. 또 내가 세 번 빙긋 웃은 것은, 내가 하나님의 세 가지 말씀을 이해하지 않으면 안 되었기 때문입니다. 그리고 이제 겨우 하나님의 말씀의 의미를 알게 되었어요. 한 가지 말씀의 의미를 알게 된 것은 당신의 부인이 나를 동정해 주셨을 때이며, 내가 처음으로 웃은 것은 그 때문이었습니다.

다음 말씀은 부유한 손님이 장화를 주문하였을때에 알게
되었죠. 그래서 나는 또 빙긋 웃었습니다. 그리고 지금 그 두
여자아이의 얼굴을 보았을 때에 나는 마지막 세 번째 말씀의
의미를 알게 되었어요. 그래서 나는 세 번째로 또 웃은겁니다."

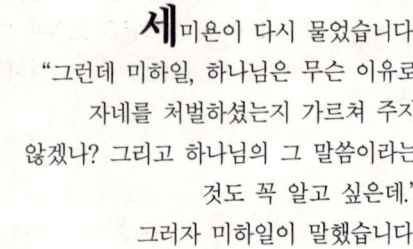

세미욘이 다시 물었습니다.
"그런데 미하일, 하나님은 무슨 이유로
자네를 처벌하셨는지 가르쳐 주지
않겠나? 그리고 하나님의 그 말씀이라는
것도 꼭 알고 싶은데."
그러자 미하일이 말했습니다.

"하나님이 나를 처벌하신 것은, 내가 하나님의
명령에 따르지 않은 때문입니다. 나는
천상(天上)의 천사였는데, 하나님의 분부를
지키지 않았던 겁니다. 내가 천상의 천사였을
때, 하나님은 한 여자로부터 영혼을 거두어
오라고 나를 파견하셨지요. 나는 지상(地上)으로
날아왔어요.

두 쌍둥이 여자아이를 갓 낳은 한 부인이 몸져누워 있었습니다.
두 여자아이는 어머니 옆에서 조금씩 움직이고 있었습니다. 그러나 어머니는 두 아이를 가슴에 끌어당길 수도 없었습니다. 나를 보자 부인은 하나님이 영혼을 거두어 가시기 위해 나를 파견하셨음을 알아채고, 눈물을 흘리며 이렇게 말했습니다. '천사님! 남편은 죽어서 이제 금방 매장되었습니다. 숲에서 나무들이 쓰러지는 바람에 그 밑에 깔려 죽어버린 겁니다. 내게는 언니나 여동생도 없고, 아주머니나 할머니도 없어, 이 고아를 길러 줄 사람이 하나도 없습니다. 그러니 제발 나의 영혼을 거두어 가지 말아 주세요. 이 아이들에게 젖을 먹이고 음식을 마련해 주고, 사람 구실을 하도록 길러 낼 때까지는 제발 나를 살아있게 해 주세요. 아버지도 없고 어머니도 없으면 아이들은 도저히 살아갈 수 없습니다!"

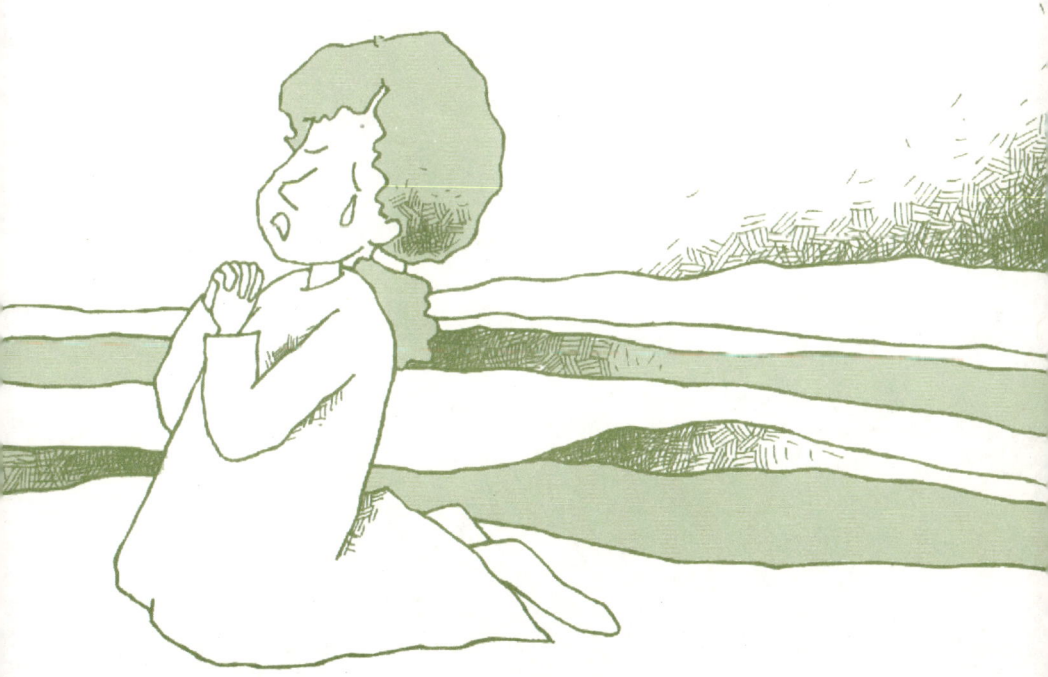

그래서 나는 어머니의 말을 듣고 한 여자아이에게는 젖을 물리고, 또 한 아이는 어머니에게 안겨 주고는 하나님에게로 날아갔습니다. '저는 아이들을 갓 낳은 여자로부터 영혼을 거두어 올 순 없었습니다. 아버지는 나무가 쓰러지는 바람에 그 밑에 깔려 죽고 어머니는 쌍둥이를 갓 낳은 처지이니 제발 영혼을 거두어 가지 말아 달라고 기도하듯이 부탁한 이 여자를, 아이들에게 젖을 먹이고 음식을 마련해 주고, 사람 구실을 하도록 길러 낼 때까지는 제발 살아 있게 해주십시오. 그 여자는 아버지도 없고 어머니도 없으며 아이들은 도저히 살아갈 수 없다고도 빌었습니다. 그래서 저는 아이를 갓 낳은 여자로부터 영혼을 거두어 오지 않은 것입니다.'

그러자 하나님은 이렇게 말씀하셨습니다.

'가서 아이들을 갓 낳은 여자의 영혼을 거두어 오너라. 그러면 세 가지 말의 의미를 알게 될 것이다. 인간 속에 있는 것은 무엇인가. 그리고 인간에게 주어져 있지 않은 것은 무엇인가, 또 인간은 무엇에 의해 살아가고 있는가를 알게 될 것이다. 그것을 알게 되면 다시 천상으로 돌아오너라.' 그래서 나는 다시 지상으로 내려와 아이들을 갓 낳은 여자로부터 영혼을 거두어 들인 겁니다.

두 갓난아기는 어머니의 가슴으로부터 굴러 떨어졌습니다. 어머니의 사체(死體)가 침대 위로 털썩 쓰러지면서 한 여자아이를 눌러서 그 발을 구부려뜨렸습니다. 나는 마을 위로 날아 올라, 거두어 낸 영혼을 하나님에게 가져가려 했지만, 갑자기 바람이 일어 나의 날개는 말을 듣지 않게 되었어요. 그래서 영혼만이 하나님에게로 올라가고, 나는 도중에서 지상에 떨어져버린 겁니다."

세 미욘과 마트묘나는 자신들이 옷을 입혀주고 먹여주고
자신들과 함께 지내온 상대가 누구인가를 깨닫고는, 두렵고 기쁜 나머지
울어 버렸습니다.

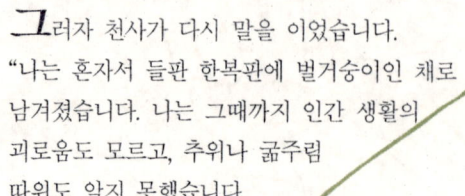

그러자 천사가 다시 말을 이었습니다.
"나는 혼자서 들판 한복판에 벌거숭이인 채로
남겨졌습니다. 나는 그때까지 인간 생활의
괴로움도 모르고, 추위나 굶주림
따위도 알지 못했습니다.

그런데 갑자기 인간이 된겁니다.
점점 배가 고파오고 몸이 얼어 붙을 것 같았
지만, 어찌해야 할 지 알 수 없었어요.
문득 돌아보니, 하나님을
위한 예배당이 들판에 세워져
있었어요. 그래서 하나님의
예배당으로 가서, 그 속에
은신하려 했습니다.
그런데 교회 문이 잠겨져 있어
안으로 들어갈 수가 없었지요.
그래서 나는 바람을 피하려고
교회 뒤쪽에 앉아 있었습니다.

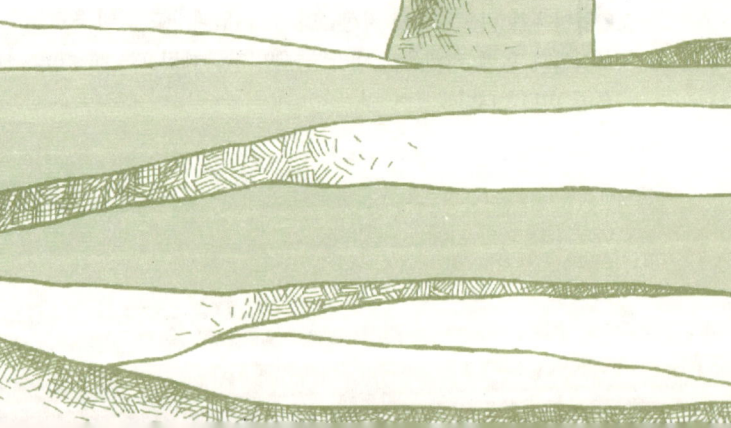

이윽고 밤이 되었어요. 나는 배가 고프고
몸이 얼어붙을 것 같아 견딜 수 없었어요. 그때
갑자기 누군가 길을 걸어오는 발소리를 들었습
니다. 방한화를 둘러메고, 연신 뭐라고 혼잣말을
지껄이고 있었어요. 나는 인간이 된 후로 처음
으로 언젠간 죽어야 할 인간의 얼굴을 보았기
때문에, 그 얼굴을 보기가 두려워져 무의식 중
에 고개를 돌렸습니다. 듣고 있으려니까
그 사나이는 무엇을 몸에 걸치고
이 추운 겨울을 날 것인가,
처자를 어떻게 부양해야 할 것인가
하는 따위의 말을 연신
혼자 지껄이고 있는 거예요.

그래서 나는 생각했습니다.
'나는 지금 추위와 굶주림 때문에 죽어가고 있다. 그런데 저 사람은 자신
이나 아내가 입을 모피 외투며 가족에게 먹일 빵만을 생각하면서 걸어가
고 있다. 이 사나이는 도저히 나를 도울 수 없을 것이다.'
그 사나이는 나의 모습을 보고는, 이마를 찌푸리고 더욱 무서운
표정을 지으며 그대로 지나가 버렸습니다. 그래서 나도 단념하고
있었는데, 문득 귀를 기울이니 그 사나이가 되돌아오고 있지
않겠어요? 나는 돌아 보았지만, 아까 그 사나이와 같은 인간이라고는 생각
되지 않았어요. 그 사나이는 아깐 죽을 상을 하고 있었는데,
지금은 뜻밖에 밝은 모습이 아니겠어요?
나는 그 얼굴에 하나님이 깃들여 있음을 알았습니다.

그 사나이는 내 옆으로 다가와 내게 입을 것을 주고,
나를 자신의 집으로 데려가 주었습니다.내가 그집에 도착하자,
한 여자가 나와 우리를 맞으며 뭐라고 말하기 시작했어요.
그 여자는 그 사나이보다 훨씬 무서운 얼굴을 하고 있었습니다.
그녀의 입으로부터 죽음의 숨결이 배어 나와, 나는 죽음의 악취
때문에 숨을 쉴 수도 없을 정도였어요.
그녀는 나를 추운 집 밖으로 쫓아내려 했습니다.
그러나 만일 나를 쫓아내면 그녀가 죽으리라는 것을
나는 알고 있었죠. 그런데 그때 문득 그녀의 남편이
그녀에게 하나님을 생각해 내도록 했습니다.
그러자 그녀의 태도가 갑자기 변하지 않겠어요?

그녀가 두 사람에게 저녁 식사를 마련해 준 다음 나를 가만히 바라보고 또 내가 그녀의 얼굴을 흘끗 바라보았을 때에는, 그녀에게서 이미 죽음의 그림자를 찾아볼 수 없고, 부드러운 여자가 되어 있었습니다. 그리고 나는 그 여자 속에도 하나님이 깃들여 있음을 알았습니다. 그 때 나는 '인간 속에 있는 것이 무엇인지를 알게 되리라'는 하나님의 첫번째 말씀을 생각해 냈어요. 그리고 인간 속에 있는 것은 사랑임을 깨달은겁니다. 하나님이 약속한 일을 벌써 내게 보여주시기 시작했기 때문에, 나는 더할 나위없이 기뻤습니다. 그래서 나는 처음으로 빙긋 웃었습니다. 하지만 나는 아직 세 가지 전부를 알 수는 없었습니다. 인간에게 주어져 있지 않은 것은 무엇인가. 또 인간은 무엇에 의해서 살아가고 있는가를 깨달을 수는 없었던 것입니다.

그때부터 나는 당신네 집에서 지내게 되었고, 어언 일년이 지났습니다. 그런데 어느 날 한 사나이가 찾아와서, 일 년을 신어도 상하거나 모양이 일그러지지 않을 그러한 장화를 만들어 달라고 주문하였습니다. 나는 그 사나이의 얼굴을 흘끗 바라보았어요. 그런데 뜻밖에도 나는 그 사나이의 등뒤에 나의 동료인 죽음의 천사가 서 있는 걸 알아챘습니다. 나밖에는 아무도 이 천사의 모습을 본 사람이 없었지만, 나는 그 천사를 알고 있었으므로, 오늘 해가 지기전에 이 부자(富者)의 영혼을 하나님이 거두어 가시리라는 것을 알았습니다. 그래서 나는 생각했습니다. '사나이는 일년 뒤의 일까지 준비하고 있지만, 자신이 오늘 저녁때까지밖에 살수 없다는 것은 알지 못하는구나' 그래서 나는 '인간에게 주어져 있지 않은 것이 무엇인지 알게 되리라'는 하나님의 또 다른 하나의 말씀을 생각해 냈습니다. 인간 속에 있는 것이 무엇인지를 나는 이미 알고 있었습니다. 그리고 나는 또 인간에게 주어져 있지 않은 것이 무엇인지를 알았습니다 자신의 몸을 위해서 필요한 것이 무엇인지를 알 힘이 인간에게는 주어져 있지 않은겁니다. 그래서 나는 두번째로 또 빙긋 웃있습니다. 동료인 천사의 모습을 보게 되고, 또 하나님이 두번째 말씀의 의미를 알게 해주셨기 때문에, 나는 더할 나위없이 기뻤던 겁니다.

하지만 나는 아직 전부를 깨달을 수는 없었습니다.

인간은 무엇에 의해 살아가고 있는지를 나는 아직 깨달을 수 없었어요. 그래서 나는 계속 이 댁의 신세를 지면서 하나님이 마지막 말씀의 의미를 알도록 해주시기를 죽 기다리고 있었습니다. 그 후 6년이 지난 오늘, 한 여자가 쌍둥이 여자아이들을 데리고 왔어요. 나는 그 여자아이들이 누구인지를 금방 알았습니다. 그리고 이 두 여자아이가 무사히 살아가고 있음을 알게 된 겁니다. 그걸 알게 되어 나는 생각했어요. '아이들을 위해 그 어머니가 눈물지으며 부탁했을 때, 나는 그 어머니의 말을 믿고, 아버지도 없고 어머니도 없으면 아이들은 도저히 살아갈 수 없으리라고 생각했었다. 그런데 인척도 아닌 타인이 젖을 주어 이처럼 두 아이를 훌륭히 키워주지 않았는가' 그리고 그 여자가 한 핏줄이 아닌 아이들을 위해 동정하며 감격의 눈물을 흘렸을 때, 나는 그 여자 속에 **살아** 계시는 하나님을 보고, 인간이 무엇에 의해 살아가고 있는지를 깨달은 겁니다. 그리고 하나님이 마지막 말씀의 의미를 알도록 하여 나를 용서해 주셨음을 알았지요. 그래서 세 번째로 나는 빙긋 웃은 겁니다."

이윽고 천사의 몸이 드러나면서 그 모습이 완전히 빛에 싸였으므로, 눈을 돌려 똑바로 그 모습을 바라볼 수 없을 정도였습니다. 천사는 아까보다 더 큰 목소리로 이야기하기 시작했는데, 그 목소리는 그의 목소리가 아니라 천상으로부터 울려 오는 것 같았습니다.
천사는 말했습니다.
"인간은 누구나 자신의 걱정거리뿐만 아니라, 사랑에 의해 살아가고 있음을 나는 알게 되었습니다. 그 어머니에게는 그 아이들이 살아가는데 무엇이 필요한 지를 아는 힘이 주어져 있지 않았습니다. 또 그 부유한 사나이에게는 그 자신에게 필요한 것이 무엇인지를 아는 힘이 주어져 있지 않았던 거예요. 그리고 누구에게나, 자신에게 필요한 것이 살아 있을 때에 신을 장화인지 아니면 해가 지기 전에 죽은 몸이 되어 자신의 발에 신겨질 슬리퍼인지를 아는 힘이 주어져 있지 않은 겁니다.

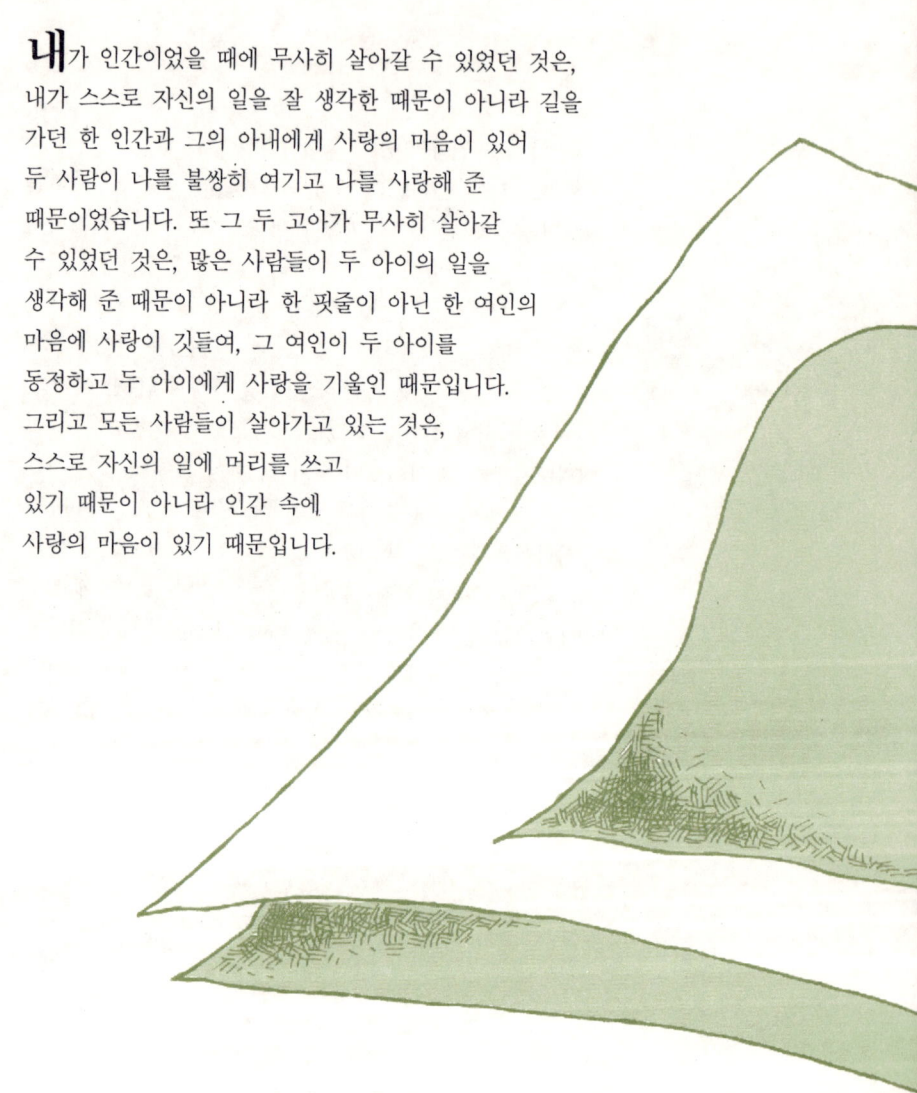

내가 인간이었을 때에 무사히 살아갈 수 있었던 것은,
내가 스스로 자신의 일을 잘 생각한 때문이 아니라 길을
가던 한 인간과 그의 아내에게 사랑의 마음이 있어
두 사람이 나를 불쌍히 여기고 나를 사랑해 준
때문이었습니다. 또 그 두 고아가 무사히 살아갈
수 있었던 것은, 많은 사람들이 두 아이의 일을
생각해 준 때문이 아니라 한 핏줄이 아닌 한 여인의
마음에 사랑이 깃들여, 그 여인이 두 아이를
동정하고 두 아이에게 사랑을 기울인 때문입니다.
그리고 모든 사람들이 살아가고 있는 것은,
스스로 자신의 일에 머리를 쓰고
있기 때문이 아니라 인간 속에
사랑의 마음이 있기 때문입니다.

이전부터 나는 하나님이 인간에게 생명을 부여하시고 인간이 살아
가기를 원하고 계심을 알고 있었습니다. 하지만 지금은 그와는 또
다른 한 가지를 알게 되었어요. 하나님은 인간이 제각기 흩어져
살아가기를 원치 않으셨기 때문에, 일부러 개개의 인간에게
무엇이 필요한지를 알도록 해 주시지 않았습니다.
그러나 인간들이 마음을 합쳐 살아가기를
원하셨기 때문에, 자신이나 모든 사람들에게
필요한 것이 무엇인지를 인간에게 알도록
해주셨음을 나는 깨달은 겁니다

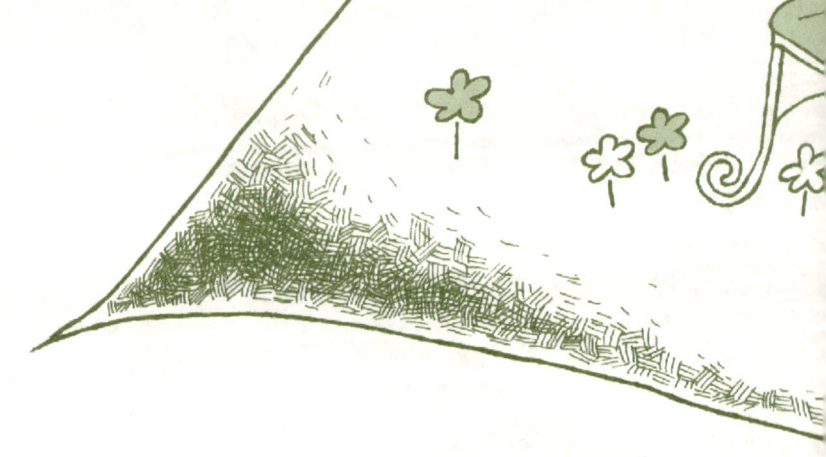

인간에게는 다만 자신들이 자기 자신의 일만을 허덕지덕 생각하면서 살아 가고 있는 것처럼 여겨질 뿐이지만, 실제로는 인간은 오직 사랑의 힘에 의해 살아가고 있음을 이제야 겨우 깨달은 거예요. 사랑의 마음으로 가득차 있는 사람은 하나님의 세계에 살고 있는 셈이며, 하나님은 그 사람 속에 계십니다. 왜냐하면 하나님은 사랑이시기 때문입니다."

그리고 천사는 하나님을 찬양하는 노래를
부르기 시작하였습니다. 그러자 그 목소리가 울려퍼지며 온 집이 흔들렸
습니다. 그리고 천장이 둘로 갈라지면서, 땅으로부터 불기둥이 솟아 하늘
에 닿았습니다. 세미온은 아내와 아이들과 함께 자신도 모르게 땅에 엎드
렸습니다. 그러자 천사의 어깨에 순식간에 날개가 돋아나더니 천사는 이내
하늘로 올라갔습니다.

세미연이 정신을 차렸을 때는,
집은 원래의 상태로 돌아가 있었으며 집안에는 가족 이외에
는 이미 누구의 모습도 보이지 않았습니다.

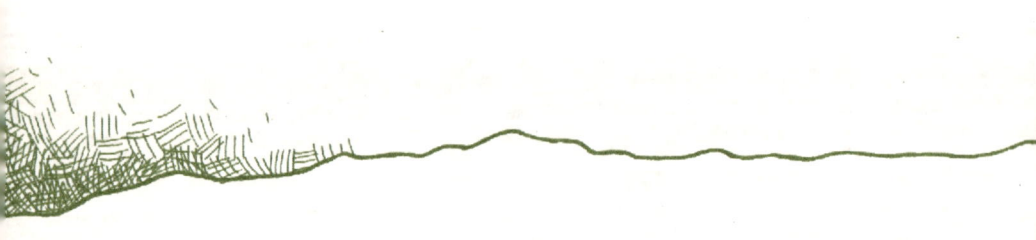

사랑할 수 있을 때 힘껏 사랑하세요

정지홍 지음/6,000원

이젠 머뭇거릴 시간이 없습니다. 사랑하기에도 너무 짧은 시간이기에 사랑하는 이에게 말 한마디 못하고 스쳐 지나갈 수 있습니다. 어느새 의무가 되어 버린 사랑의 권리를 행사하기 위하여 사랑할 수 있을 때 힘껏 사랑하세요. 지금 나만의 공간에 보석처럼 간직할 아름답고 순수한 사랑을 가꾸세요.

"사랑해요"라고 말하세요

정지홍 지음/6,000원

"사랑해요"라고 말하세요. 이 짧은 말 한마디가 온세상을 행복하게 한답니다. 이 말은 매우 값진 말입니다. 바라볼수록 사랑하게 만듭니다. 어제 보았는데 오늘 또 보고 싶습니다. 아마 사랑은 보고 싶은 것인가 봅니다. 우리 청소년들이 아름답고 순수한 사랑을 만들고 간직하며 살아가기 위해 오늘 "사랑해요"라고 말하세요.

사랑이 살아가는 이유였습니다.

톨스토이 지음/5,000원

인간에게는 다만 자신의 일만을 생각하면서 살아가고 있는 것처럼 여겨질 뿐이지만 실제로 인간은 오직 사랑의 힘에 의해 살아가고 있음을 깨달은 거예요. 왜냐하면 하나님은 사랑이시기 때문입니다. 사랑의 마음으로 가득차 있는 사람은 하나님의 세계에 살고 있는 셈이며 하나님은 그 사람 속에 계십니다.

거인과 꼬마

오스카 와일드 지음/5,000원

자기만 아는 거인과 꼬마의 아름다운 사랑을 통하여 우리는 많은 것을 배울 수 있습니다. 바로 사랑은 받는 것보다 주는 행복이 더 큰 것이라는 소중한 아름다움을 말입니다. 이웃에게, 옆 친구에게, 사랑하는 이에게 사랑을 보내세요. 사랑은 분명 주는 행복이 더 큰 것입니다.

사랑이 살아가는 이유였습니다

지은이 ■ 톨스토이 그림 ■ 박아영
펴낸이 ■ 이원우 초판 1쇄 발행일 ■ 1996년 1월 25일 초판 3쇄 발행일 ■ 1999년 2월 28일
펴낸곳 ■ 하늘사다리(등록번호 제 10-1710호)
　　　　서울시 마포구 합정동 386-12 정은 B/D 202호 전화/3142-6618 팩스/3142-6619
공급처 ■ ㈜기독교출판유통 전화/(0344)906-9191 팩스/080-456-2580

ⓒ 1999 하늘사다리 ISBN 89-86367-07-6 03230 값 6,000원